나의
뒷모습

나의
뒷모습

초판 1쇄 발행 2025. 4. 24.

지은이 박병창
펴낸이 김병호
펴낸곳 주식회사 바른북스

편집진행 박하연
디자인 김민지

등록 2019년 4월 3일 제2019-000040호
주소 서울시 성동구 연무장5길 9-16, 301호 (성수동2가, 블루스톤타워)
대표전화 070-7857-9719 | **경영지원** 02-3409-9719 | **팩스** 070-7610-9820

•바른북스는 여러분의 다양한 아이디어와 원고 투고를 설레는 마음으로 기다리고 있습니다.
이메일 barunbooks21@naver.com | **원고투고** barunbooks21@naver.com
홈페이지 www.barunbooks.com | **공식 블로그** blog.naver.com/barunbooks7
공식 포스트 post.naver.com/barunbooks7 | **페이스북** facebook.com/barunbooks7

ⓒ 박병창, 2025
ISBN 979-11-7263-330-1 03810

•파본이나 잘못된 책은 구입하신 곳에서 교환해드립니다.
•이 책은 저작권법에 따라 보호를 받는 저작물이므로 무단전재 및 복제를 금지하며,
이 책 내용의 전부 및 일부를 이용하려면 반드시 저작권자와 도서출판 바른북스의 서면동의를 받아야 합니다.

나의 뒷모습

박병창
지음

바른북스

머리말

설렌다!
나의 남은 새로운 날들이!

    지금까지 글을 써본 적도 없는 사람이 글을 쓴다는 생각을 했을 때 좀 부끄럽고 자신이 없었습니다. 지금까지 살아오면서 언제나 내 인생에 진심이었고 열심히 살아보려고 노력했습니다.

    인생의 전환점을 맞은 이 시점에, 언제나 진심이었던 나에게 있는 그대로의 내 삶을 글로써 정리해 보는 좋은 선물 하나를 하고 싶었습니다. 이 글은 지금까지 살아온 평범한 한 사람의 일생을 생각나는 대로 그리고 느낀 대로 그저 써 내려갔습니다.

    농사를 짓는 가난한 집에서 태어나, 겪었던 이야기들을 다 기록해 나갈 수는 없었고 또 어린 시절 저의 추억들이 지금에 와서 글로 표현하려니 현실과 맞지 않는 이상한 이야기들도 많습니다.

가난한 삶 속에서 내 부모의 어깨에 짊어진 무게, 그리고 자식에 대한 무한한 사랑은 잊을 수가 없으며, 지금 부모가 된 위치에서 다시금 그 의미를 되새겨 보는 계기가 되었습니다. 그리고 그 사랑을 저도 자식에게 그대로 실천하고 진정한 삶의 가치를 자식에게 전해주려 합니다.

철강회사에 36년간 재직하며 좌충우돌 겪은 체험은 되돌아보니 인생의 절반 이상을 차지하였습니다. 가장으로서 한 가정을 꾸려가는 데 책임을 다하려고 노력하였고, 또 한 직장에서 변동 없이 안정되게 근무할 수 있게 해준 주변의 많은 사람들에게 감사함을 전하고 싶습니다. 무엇보다 함께했던 직장동료의 헌신적인 지원과 선배님들이 잘 이끌어 주셨기에 가능한 일이었다고 생각하며 또한 감사의 마음을 올립니다.

이제 인생 2막을 시작하는 시점에서 지나온 인생 1막을 한 권의 책으로 정리합니다. 두서가 없고 내용도 특별한 게 없지만 지나온 시간들을 진솔하게 담아 써보았습니다. 부족한 부분이 많지만 넓은 마음으로 이해해 주시고, 예전처럼 또 격려를 보내주시면 크나큰 힘이 될 것입니다. 아울러 이렇게 책을 낼 수 있게 물심양면 도와준 나의 가족에게도 감사를 드립니다.

2025년 봄이 오는 길목에서
지은이 박병창 드림

차례

머리말

 1장

12	나의 시간 속으로
14	그 친구가 그 친구
16	그런 내가 부끄럽다
19	아버지와 스케이트
22	공포의 독일어 수업
26	화려한 도시락 반찬
28	소
31	아버지의 밥상
33	그 많던 늑대는 어디로 갔나?
35	모내기와 맛난 중참
37	마법의 손
40	수건에 가려진 어머니 머리
42	어머니의 칼국수
44	어머니의 조밥
46	우물의 추억
47	일생일대의 치욕적인 사건
50	앞집의 미스터리
53	존경하는 나의 아버지
56	신비로운 나의 어머니
57	어머니 머릿속의 지우개
60	어머니 기일
63	나의 군 생활
67	오랜만에 불러본다, 용환아!
69	존경합니다, 나의 누님들

2장

- 74 | 포스코와 인연을 맺다
- 76 | 신입사원
- 79 | 구내식당의 추억
- 81 | 오토바이의 추억
- 83 | 단칸방 월세살이
- 86 | JH 형님 잘 계시죠?
- 88 | 광양에서의 생활
- 90 | 꿀 파는 할머니
- 93 | 어처구니없는 실수
- 94 | 벚꽃 피면 생각나는 S 씨
- 98 | 최고의 횟집
- 100 | 참 뿌듯했다
- 103 | 위대한 대한민국의 어머니
- 106 | 36년간의 회사생활을 마치며
- 108 | 반가운 전화벨 소리
- 111 | 멋쟁이 사장님!
- 113 | 송년명상

3장

- 118 | 어디론가 꼭꼭 숨고 싶었다
- 121 | 제주로 떠나다
- 123 | 나의 외딴방
- 125 | 애월의 매력
- 128 | 제주의 자립생활
- 130 | 제주의 기원을 찾아서
- 131 | P 실장님의 토마토
- 134 | 말과 말고기
- 135 | 돌하르방
- 137 | 애월도서관
- 139 | 제주의 오름들
- 141 | 경내를 거닐다
- 145 | 한반도 최남단 마라도
- 147 | 자리돔 젓갈의 배신
- 149 | 산방산에 올라라~
- 150 | 맛난 흑돼지 고기
- 152 | 보말칼국수에 홀리다
- 155 | 산이 좋아 산에 간다
- 157 | 늦가을의 정취
- 160 | 제주의 농촌
- 162 | 귤 따 먹으며 즐기는 골프
- 164 | 독서의 가르침
- 166 | 작은 영화관
- 167 | 아름다운 더럭초등학교
- 169 | 제주 마음샌드
- 171 | 애월 하귀리의 커피숍
- 172 | 곶자왈의 숨결에 빠지다
- 174 | 제주에서 뭉친 우리 가족
- 176 | 제주행 비행기 수화물 소동
- 178 | 동백꽃의 향연

4장

- 182 | 부부
- 184 | 내 생애 가장 행복했던 날
- 186 | 건강에 적신호가 켜지다
- 188 | 두 다리의 수난
- 190 | 금연 성공!
- 193 | 사전 연명의료 의향서
- 195 | 우리 집 보배 1호
- 201 | 미안하다, 고마웠다, 사랑한다
- 204 | 눈물의 의미
- 206 | 35년 전 그 자리에서
- 208 | 마른하늘에 날벼락
- 210 | 느리게 느리게
- 212 | 이대로가 좋다
- 213 | 하루를 여는 시간
- 214 | 경주 남산 칠불암
- 216 | 초겨울의 통영 여행
- 218 | 동지에는 팥죽
- 220 | 조고각하(照顧脚下)
- 222 | 12월을 맞으며
- 224 | Merry Christmas
- 226 | 양보할 수 없는 나를 위한 네 가지 투자
- 231 | 내가 변했다
- 233 | 고집을 꺾어라!
- 235 | 관계의 가지치기
- 237 | 나의 스펙트럼
- 240 | 해돋이를 보고
- 243 | 할배! 내가 다시 갑니다
- 244 | 젊은 의인의 숭고한 희생
- 246 | 초보 사회복지사의 바람
- 249 | 정월 대보름 달집태우기
- 251 | 보리밭 사잇길로
- 254 | 입춘명상
- 255 | 비보
- 258 | 3월의 결심

1 장

나의 시간 속으로

거리는 휑하다. 오색찬란했던 단풍도 어디론가 사라지고, 이 계절도 막바지를 향해 달려가고 있다. 이렇게 올해도 달력 한 장을 남기고 늦은 가을 오후, 비행기 소리가 요란한 이곳에서 노트북을 켠다.

일주일에 한 번 들리는 이 집, 내게는 이 집을 갖게 된 배경이 남다르고 사연도 많다. 23평으로 크지는 않지만 결혼하고 몇 달 후 대출을 내어 장만해서, 알뜰하게 살면서 대출을 다 갚고 이곳에서 10년을 살다가 다른 곳으로 이사 갔다. 이사 가면서도 지금까지 팔지 않고 있으니 주변에서는 무슨 대단한 부동산 욕심이나 비밀이 있는 것은 아닌가 하겠지만, 내 것으로 소유했던 첫 집이라 애정이 좀 남달랐던 것 같다.

세입자가 여러 번 바뀌고 그럴 때마다 집을 수리하면서 신경 쓰이는 것이 한두가지가 아니어서 정리해 버릴까 생각도 여러 번 했었다. 그러나 이런 날이 올 줄 예상을 했던지, 아내는 끝내 그 골치 아픈 일들을 감수하며 몇 년 전에는 나 몰래 대대적인 리모델링까지 하면서 우리 부부의 첫 번째 집인 '이화'를 지켜냈다. 온전히 시골이라고 할 수도 없고 도시는 더더욱 아닌 바닷가 앞 이 아파트 이름이 '이화해변타운'이다.

　이 집에 들어서면 고향에 온 듯 포근함에 젖는다. 먼저 앞뒤 창문을 열어 갇혀 있던 공기를 풀어주고 한 잔의 커피를 마신다. 시끄러운 자동차, 여객기, 군용기 굉음이 울려도 최면에 걸린 듯 내 귀에 들리지 않고 나는 천천히 혼자만의 시간 속으로 빠져든다.

　36년간 내게는 길었던 직장생활을 뒤로하고 퇴직한 후 벌써 3년이 흘렀다. 안 그런 척하면서 그동안 많이 힘들고 많이 방황했다. 원래가 생각을 담아두는 성격이 아니어서 지나온 시간들이 가물가물한데, 그래도 나름대로 재충전의 시간이 된 건 분명하다.

　지금까지 무엇을 목표로 무엇을 위하여 쉼 없이 달려왔는지 되돌아보고 앞으로 남은 내 인생 목표를 어디에 둘 것인지 생각해 보았다. 지나간 과거는 선명하게 보이는데 앞으로 다가올 미래는 뿌옇게 불투명한 것이 도대체 엄두가 나지 않고 생각조차 어렵다. 그러나, 그래서 불확실한 미래는 불안하기는 하지만 또 뭔가 희망이 있어 행복하기도 한 것인가 보다.

설렌다! 나의 남은 새로운 날들이!

그 친구가 그 친구

반야월이란 대구 근교의 시골에서 나는 3남 2녀 중 막내로 태어났다. 고향 반야월에는 국민학교(지금의 초등학교)와 중학교가 각각 1개가 있었고 고등학교는 대구 시내로 가야 했다. 국민학교는 한 학년에 8반까지 있었다. 그 당시에는 한 반에 학생 수가 60명에서 70명이 되었으니 지금은 상상할 수도 없는 과밀 학급이었다. 그리고 졸업 후에는 선택의 여지 없이 모두가 다 같이 지척의 중학교에 들어가야만 했다.

초등학교 때와 똑같은 친구들이 중학교를 같이 다녔다. 그래서 지금도 동창회는 초등학교와 중학교가 열리는 시기만 다를 뿐 구성원은 같은 얼굴들이다. 그렇다 보니 동창생들이 유대관계가 좋고 끈끈해서 지금도 자주 만나게 되고, 경조사에는 너 나 할 것 없이 나서서 내 일처럼 도와주는 좋은 친구들이다. 앞집, 뒷집, 옆집 친구들이 나이가 들어도 연락하고 지내는 사이이다.

중학교에서 5분 거리의 금호강은 맑은 물에 고디가 지천이고 피라미 낚시를 즐기는 사람들이 많았다. 동네 어른들은 야밤에 플래시와 물안경을 갖고 강으로 가서 고디를 잡았다. 고디는 국을 끓여 먹으면 일품이었다. 어릴 적 어머니는 항상 시장에서 고디를 사서 토란을 넣어 국을 끓여 주셨다. 지금도 그때의 고딧국을 잊지 못해 식당을 찾는다.

강은 수심이 깊어 여름철에 꼭 익사 사고가 났다. 우리는 사고가 난 곳은 귀신이 있다고 얼씬도 하지 않았다. 점심 도시락을 일찍 먹은 후 남학생 여학생 할 것 없이 강가로 나가서 다리 위에서 교복을 벗어젖히고 다이빙을 하기도 하고 헤엄으로 누가 빨리 가나 시합도 했다.

그때 중학교는 개교한 지 얼마 되지 않아 내가 5회 졸업생이다. 여름방학에는 건초를 일정량 모아서 제출하는 방학 숙제가 있었다. 농촌에서만 가능한 학교 시절 추억 이야기를 지금도 친구들과 만나면 재미있게 늘어놓곤 한다. 이제 그 까까머리 친구들도 이마에 주름이 겹치고 머리가 하얗게 물들었다.

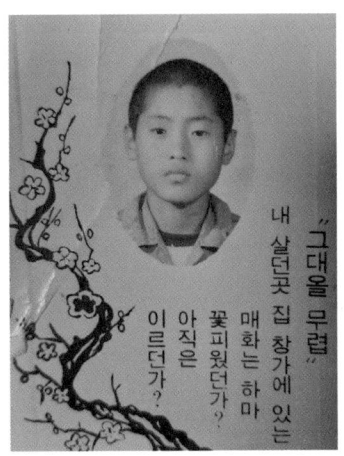

그런 내가 부끄럽다

내가 국민학교에 다닐 때는 '가정방문'이라는 것이 있었다. 이는 아이가 어떤 환경에서 자라고 있는지 파악하여 학생을 지도하는 데 참고하는 취지에서 생긴 것이다. 그런데 나는 선생님께서 가정방문 하는 것이 싫었다. 그냥 싫은 것이 아니고 굉장히 싫었다. 왜냐하면 부모님이 농사일로 바쁘시기도 했지만, 근본적인 이유는 다른 친구들 부모님보다 연세가 많으셔서 좀 부끄러웠다. 또 집안 형편도 넉넉지가 않아 선생님이 집에 오시면 마땅하게 대접을 할 것이 없었다.

어린 마음에 부모님이 부끄럽고 가난한 생활을 보이기 싫어서, 나는 늘 선생님에게 부모님이 밭에 나가셨다고 둘러댔고 부모님에게는 가정방문 사실을 아예 말씀드리지 못했다. 중학교에 가서야 어린 나를 불편하게 만들었던 가정방문은 없어졌다. 지금 돌이켜 생각하면 왜 그렇게 모든 것이 부끄럽게 생각되었는지 그런 내가 부끄럽다.

국민학교 수학여행은 서울로 갔다. 예쁜 옷을 사고 반바지에 무릎까지 올린 양말과 신발을 한껏 차려입고 한양길(?)을 나섰다. 남산 계단에서 찍은 단체사진이 남아 있는데 지금 봐도 촌티가 물씬 나서 우습기만 하다.

중학교 수학여행은 2학년에 주로 남해로 갔다. 그때도 어김없이 남해로 수학여행이 잡혔는데 어린 내가 보기에도 집에는 돈이 없어 보였다. 그래서 부모님께 여행비를 이야기할 수가 없었고 납부기한도 어영부영 지나고 말았다. 결국 나는 중학교 수학여행을 가지 못했다.

반 친구들이 여행을 떠난 첫날, 나는 마땅히 갈 곳이 없어 학교의 텅 빈 교실에 앉아 멍하니 운동장을 쳐다보고 있었다. 그 당시 학교 방침으로는 수학여행을 못 가는 학생은 집에서 자율학습을 하도록 했지만 나는 그것이 오히려 부모님께 민망하기만 해서 학교로 갔다.

수학여행 가겠다고 떼쓰면 돈을 빌려서라도 주셨을 것이다. 그때쯤 나는 철이 들었던 것 같다. 천지 분간이 조금 되어 우리 일곱 식구가 겨우겨우 먹고 살기에도 빠듯하다는 사실을 알게 된 것이다. 그런 사정을 뻔히 알면서 부모님께 수학여행을 가겠다는 이야기를 할 수 없었다.

수학여행을 다녀온 친구들이 여행에서 있었던 재미난 이야기들을 주고 받으면 나는 슬그머니 그 자리를 피했다. 내가 알지 못하는 이야기들이 오고 가면 아무도 나에게 뭐라 하지 않았는데도 기가 죽었다. 가난한 걸 어쩌겠는가? 가난은 나라님도 어찌할 수 없다고 하지 않았는가? 그런데 어린 나에게 깊은 멍이 들어 그때를 생각하면 가슴 한쪽이 시리다.

중학교 기성회비를 납부해야 하는 날에 어머니는 다음에 돈이 마련되면 주겠노라 말씀하시고 학교를 가라고 하신다. 나는 막무가내로 주지 않으면 학교에 가지 않겠다고 떼쓰고 투정 부렸다. 기성회비는 수학여행비와는 다른 문제라고 생각이 들었다. 수학여행은 며칠 참으면 그만이지만, 기성회비를 내지 않으면 공부할 수 없는 것이라는 생각이 들었다. 학교에서 선생님도 날마다 말씀하시고 그럴 때마다 친구들 보기가 부끄러워서 앙탈을 부리면 결국 어머니는 뒷집에서 돈을 꾸어 주셨다.

농사를 지었던 부모님은 있는 힘을 다해 자식을 키우려 했지만 여러 자식을 뒷바라지하기에는 늘 한계가 있었다. 내가 부모가 되어 그때의 부모님 입장이 되어 생각해 보니 눈물이 난다. 자식이 돈을 주지 않는다고 학교에 가지 않겠다고 했을 때 내 부모의 마음은 어땠을까?

어떤 사실을 항상 잘 잊어먹어 늘 아내에게 핀잔을 듣는 내가 왜 이런 걸 생생하게 기억하고 있는지 또 가슴 속에 꽁꽁 품고 살아가고 있는지 알 수 없다. 아마도 경제적으로 좀 여유 있는 부모가 되어야겠다는 생각 때문이었는지도 모르겠다. 그러나 나도 내 부모님처럼 노력하고 노력했지만, 나의 자식에게 그다지 여유 있는 부모는 되지 못했다.

아버지와 스케이트

크리스마스를 며칠 앞두고 북극 한파가 남하하여 천지가 꽁꽁 얼어붙었다. 내가 살고 있는 포항은 눈이 잘 오지 않는다. 작년에도 눈 구경은 커녕 두꺼운 외투를 걸쳐볼 기회도 없이 따뜻한 겨울을 보냈다. 올해는 겨울의 초입부터 이렇게 갑작스러운 추위가 덮치는 걸 보면 눈을 볼 수 있으려나…….

우리 부부는 드라이버를 하며 분위기 좋은 카페에 들러 따뜻한 커피를 마셔 볼 요량으로 밖으로 나갔다. 나와 같은 생각을 한 사람이 많았나 보다. 카페는 사람들로 인산인해다. 우리와 비슷한 또래의 부부, 젊은 부부, 아기를 안고 온 새댁들, 더 젊은 청춘들이 짝을 지어서 커피숍 안으로 들어왔다. 추운 날씨 탓에 바깥 활동보다는 따뜻한 실내로 피신해 온 것 같다. 이런 날씨에는 따뜻한 커피 한 잔이 제격이지.

내가 어릴 때를 생각해 보면 겨울 추위는 참으로 맹렬했다. 세상이 살기 좋게 변하여 추운 겨울을 따뜻하게 날 수 있는 난방기기며 최첨단 소재의 방한용품들이 많이 나와서 그런지 옛날 어릴 때와 비교해 보면 요즘은 많이 춥다는 생각은 들지 않는다.

내 고향 반야월은 분지여서 여름에 덥고 겨울에 추워서 겨울이면 강과 못이 꽁꽁 얼었다. 그러면 어김없이 친구들과 썰매를 탔다. 못이나 강에서 주로 썰매를 타다 보니 살얼음이 깨져 빠지는 일도 많아서 부모님은 위험하다고 절대로 가지 못하게 했다. 하지만 얼음 위를 다이나믹하게 미끄러지는 그 쾌감을 어찌 내가 포기했겠는가. 나는 언제나 부모님 몰래 친구들과 볼과 코가 꽁꽁 얼어붙도록 신나게 썰매를 탔다.

　내가 썰매 타기를 좋아하는 걸 알고 하루는 아버지께서 스케이트를 사 오셨다. 아버지께서는 썰매놀이가 위험하다고 못 하게 하시면서 왜 나에게 스케이트를 사 주신 건지 잘 모르겠다. 더욱이 그 시절 우리 집 형편에 스케이트는 꿈도 꿀 수 없는 일이었다. 그런데 막내아들을 위해 아버지는 김연아 선수가 신고 빙판 위를 돌며 세계의 사람들을 놀라게 했던 그 얼음 신발, 스케이트를 사 오셨던 것이다. 내가 얼마나 좋아했을지는 말로 표현할 수 없다. 혹시 꿈일까? 자고 일어나면 없어져 버리지는 않을까? 나는 그 스케이트를 품에 꼭 안고 잤다. 그해 겨울 그 스케이트는 나의 신줏단지였다.

　그 당시 스케이트가 있는 아이는 부잣집 아이들 극소수였다. 그만큼 만만치 않은 가격이었다. 그날 이후 나는 친구들 위에 군림하게 되었다. 나에게 잘 보여야 그 스케이트를 신고 얼음 위를 달릴 수 있게 해주었다. 어깨에 힘이 잔뜩 들어갔다. 나는 친구들 사이에 대단한 권력자가 된 것이다. 그런 나를 보고 아버지는 싱

굿 웃으셨다. 날씨가 추워져 강과 못에 얼음이 얼면 스케이트를 타고 쌩쌩 달렸다.

사실 그 스케이트는 내 발이 클 것을 감안하여 아버지는 사이즈가 큰 것을 사 오셨다. 그래서 스케이트를 타며 좀 헐렁거리는 불편함도 있었다. 그렇거나 말거나 나는 아랑곳 하지 않았고 아무리 추워도 추운 줄 모르고 얼음 위를 내달렸다. 그러다 종국에 스케이트를 타다 넘어져 스케이트 앞날에 종아리를 다치고 말았다. 그 흉터는 아직도 선명히 남아 있다. 그래도 나는 좋았다.

나는 중학교를 마칠 때까지 겨울을 손꼽아 기다렸다. 고등학교에 진학하면서 더 이상 스케이트를 탈 수 없었다. 내 발이 스케이트에 맞지 않을 만큼 커진 것도 있겠지만, 더 이상 스케이트를 타고 마냥 놀 수만 없는 시간들이 찾아온 것이다. 이후 한 시절 그렇게 애지중지 아꼈던 아버지께서 사 주신 스케이트는 어떻게 되었는지 알 수 없다. 아마도 그 시절 나 같은 개구쟁이 또 그 누군가가 신고 신나게 얼음 위를 지치며 내달렸겠지. 지금도 실내스케이트장을 보면 그때의 감동이 되살아나 신나게 얼음 위를 미끄러져 보고 싶다는 충동이 인다.

시골 마을에서 아무나 가질 수 없는 스케이트를 사 주신 가난한 농사꾼이었던 나의 아버지! 그 아버지의 사랑은 내가 살아가면서 험한 세상에 결코, 꺾이지 않게 해준 내 힘의 원천이었다. 커피잔을 기울이며 경주와 포항을 가로지르며 유유히 흐르는 형산강을 바라본다. 아버지가 사 주신 스케이트를 신고 언 강 위를 힘껏 내달리는 내가 보인다.

공포의 독일어 수업

중학교까지 마친 후 대구의 고등학교로 진학했다. 고등학교는 조계종 불교 학교였다. 입학식 날 교실 옥상에 커다란 불상을 처음 보고 기이했다. 학교에 불상이라니 불경과 삼귀의 노래가 운동장에 울려 퍼져 의아했던 기억이 난다. 더욱 신기했던 것은 학생들 앞에는 스님이 서 계셨다.

그 모든 것이 낯설었던 나는 언제나 그랬던 것처럼 그런 현실에 순응하며 학교생활에 적응하려고 노력하였다. 또 딱히 내가 특별히 다른 종교를 가지고 있었던 것도 아니고, 불교라는 종교가 나의 학교생활에 방해를 주지 않았고 오히려 신기한 것이 많았다.

기억에 남는 건 독일어 과목이었다. 선생님은 무공 스님이었다. 학교가 불교 재단이어서 스님 선생님이 있었다. 몇몇 학생은 스님께서 한적한 절에 계시면 심심해서 학교에 나오신다고 쑥덕

거렸다. 훗날 무공스님은 불교계의 영향력 있는 큰 어른이 되셨다. 그분 소식을 매스컴을 통해 들을 때면 옛날 생각이 새록새록 났다.

그 시절 선생님들의 교육방식이 대부분 그랬지만 무공스님의 교육방법도 스파르타식이었다. 단어를 외워 오지 않으면 사랑의 회초리를 들었다. 물론 선생님은 그것은 학생들을 위한 사랑의 매라고 늘 말씀하셨다. 그런데 학생들은 독일어가 예비고사(지금의 수학능력고사)와 무관한 과목이어서 등한시했다. 하여튼 그때는 상충되는 현실에 힘들어했다.

일주일에 이틀 독일어 수업이 있는 전날은 선생님의 사랑의 회초리를 피하기 위해 어쩔 수 없이 단어를 외울 수밖에 없었다. 나는 반에서 2번 독일어로 쯔바이(zwei)였다. 그런데 선생님은 늘 1~10번을 단골로 일어서게 했고 나는 반에서 2번 쯔바이(zwei)라서 매번 지명되어 외운 단어를 테스트받아야 했다. 그래서 일주일에 두 번의 독일어 수업은 초긴장 상태였다.

반 전체 학생들은 선생님께서 자신의 번호를 부르지는 않을까 조마조마하게 가슴을 태웠다. 그렇게 1년을 보내고 이제 더는 무서운 선생님을 보지 않겠지 했는데, 아뿔싸! 2학년에도 무공 선생님이 독일어 선생님으로 들어오셨다. 아! 우리에게 왜 이런 시련을 주십니까? 우리는 지독히 운 없음을 통탄했다.

2학년 신학기가 막 시작되기 전 우연찮은 사건이 발생했다. 한 학생이 교육청에 무공 선생님의 교육방식을 비판하는 투서를 넣은 것이다. 우리는 그 학생의 헌신적인 도움으로 이후 수업에서 무공 선생님의 무시무시한 사랑의 회초리로부터 해방되는가 했다.

첫 수업에서 선생님은 학생들 앞에서 약속했다. 학생들의 요청으로 앞으로는 회초리를 들지 않겠노라고. 우리는 마음속으로 쾌재를 불렀고 친구의 용기에 박수를 보냈다. 그리고 독일어 수업시간은 1학년 때와는 비교할 수 없는 변화가 일어났다.

무엇보다 선생님께서 단어를 테스트하지도 않았고 선생님 혼자서 열심히 진도를 나가시며 학생들은 간간이 떠들기도 하고 심지어 대놓고 엎드려 잠을 자기도 하였다. 예전 같으면 감히 있을 수 없는 일이 일어나고 있었다. 이런 광경을 보고 그저 참고 있는 선생님의 모습이 안쓰럽기까지 했다.

그렇게 두 달이 지난 어느 날. 갑자기 선생님께서 예전의 수업방식으로 돌아가야겠다고 일방적인 리턴 선포를 하셨다. 이유인즉 학생들이 수업을 받는 태도가 불량하고 독일어 중간시험 결과 형편없는 성적에 어쩔 수 없이 예전과 같이 스파르타식으로 가겠다고 하셨다.

또다시 시작된 공포의 독일어 수업시간!

2학년을 마치고 선생님은 학생들에게 말씀하셨다. 대학 예비고사에 출제되지도 않는 과목을 열심히 공부해 준 것에 대해 고마웠다. 그리고 무섭게 가르친 이유는 모두 너희들에게 하나라도 더 가르쳐 주고 싶었다고 고백 아닌 고백을 하셨다. 나는 그 말씀에 공감했다. 무공 선생님은 월급도 받지 않으시고 오로지 학생들을 가르치고 싶어서 학교로 나오신 거였다.

　나는 2년 동안 다른 친구들보다 벌도 많이 섰고 체벌도 많이 받아서 그런가, 선생님과 미운 정 고운 정이 쌓여 이제는 선생님을 볼 수 없다는 사실이 좀 허전한 기분이 들긴 했다. 그러나 앓던 이가 빠진 것 같은 개운한 마음이 든 것도 사실이다.

　마지막 수업이 끝나고 선생님은 나를 밖으로 불렀다. 언제 친구와 같이 대구시 파동 어느 절에 놀러 오라는 말씀을 남기고 뒤도 돌아보지 않고 가버리셨다. 한동안 선생님을 까맣게 잊고 있었다. 그런데 어느 심심한 날, 놀러 오라시던 선생님 말씀이 떠올랐다. 나는 친구 2명과 함께 선생님께서 일러주신 절에 갔다.

　선생님은 반갑게 우리를 맞아 주셨고 맛있는 과일과 과자를 한아름 내어 주셨다. 그리고 선생님 특기이신 훈계(?)가 2시간 정도 이어졌다. 정말 지루하고 힘든 시간이었지만 선생님의 그 말씀들은 내가 살아가는 동안 가끔 떠올린다. "착하게 살아라. 선한 끝은 꼭 있다." 지금 생각하면 선생님의 그런 열성(?)이 있었기에 내 얼굴이 늙어 쪼글쪼글해진 지금까지 오래도록 기억에 남아 있고, 동문 모임에서도 선생님의 이야기로 우리는 웃음꽃을 피운다.

화려한 도시락 반찬

집에서 학교까지 등교하는데 1시간 정도 걸렸다. 콩나물시루 같은 버스에서 내려서 20여 분 걸어가야 학교가 나왔다. 수업을 마치면 바로 집으로 와야 했다. 다른 애들처럼 학원이나 독서실 같은 곳은 집안 형편상 꿈도 꿀 수 없었다. 아버지께선 고등학교 1학년 때 돌아가시고 어머니 혼자서 5명의 자식들을 뒷바라지해야 했기에 나에겐 여느 친구들과는 다른 상황이었다.

복잡한 버스 속에서 혹시나 도시락 반찬 냄새가 날까 봐 작은 병에 반찬을 넣어 다녔다. 나는 늘 김치나 멸치조림을 가져갔다. 매일 똑같은 반찬이라서 점심시간 책상 위에 펼치기가 부끄러웠다. 1학년 때 짝꿍은 굉장한 부잣집 아들이었다. 그 친구 도시락 반찬은 내가 한 번도 본 적 없는 이상하고 아름다운(?) 반찬들로 책상 위에 멋지게 한 상 펼쳐졌다.

그런데 어찌 된 일인지 짝꿍은 늘 내 멸치조림과 맛없는 신김치만 먹었다. 그러니 자연히 친구의 진수성찬 도시락은 내 차지가 되었다. 반찬이라는 게 그렇게 각양각색의 모양과 화려한 색깔을 가지고 있으며 신맛, 단맛, 고소한 맛, 구수한 맛, 감칠맛들을 가질 수 있다는 사실을 나는 그때 알게 되었다. 보기 좋은 떡이 먹기도 좋다. 그 속담의 의미를 이해하는 순간이었다. 그리고 나는 짝꿍이 나에게 자신의 도시락을 양보하고 있다고 생각하며 마음속으로 고마워했다.

그런데 훗날 알게 된 사실이지만 짝꿍은 나에게 호의를 베푼 것이 아니라, 집에서도 항상 그렇게 먹으니 식상했고, 나의 촌스러운(?) 반찬이 사실 너무 맛있어서 먹었다고 해서 둘이서 한바탕 크게 웃었다. 짝꿍이 나에게 자신의 반찬을 양보했든 아니든 간에 나는 그 친구의 맛있는 반찬으로 참 행복했던 한 시절을 보냈다. 친구야, 잘 먹었다.

17세의 나는 어려웠지만 불평할 수 없는 상황이었고 누구를 탓할 수 없었기에 그때의 힘듦이 지금의 내가 있게 한 튼튼한 밑거름이 되었다고 믿는다.

소

가을 추수를 마치고 초겨울을 맞는 농촌은 넉넉함과 적막함이 교차한다. 1년 농사를 고생하며 지어 가을에 수확을 거둬들이고 나면 한가로운 초겨울을 맞이하게 된다. 인적이 없는 들판을 까마귀가 접수한다. 들판 곳곳에는 누렁소 양식이 나뒹군다.

4마지기 708평 논농사가 전부였던 우리 집. 가을 추수기에는 나락을 전부 집 마당으로 옮겼다. 그 당시 운반 수단은 리어카, 논에서 집까지의 거리는 꽤 먼 곳이었다. 리어카에 쌓을 수 있을 만큼 높이 쌓고 쌓아 여러 차례에 걸쳐 옮겼다. 그리고 또 마당에서 몇 날 며칠을 탈곡 작업을 했다. 탈곡을 마치면 나락 알맹이는 두지(곳간)에 보관하고 볏짚은 마당에 차곡차곡 쌓아서 새끼줄을 만들거나 소의 여물로 사용되었다.

아래채 방 옆에 작은 외양간을 만들어 소를 키웠다. 외양간이라고 하기에는 좀 부실한 그저 아래채 방과 방 사이에 나무 봉을 걸치고 소가 밖으로 나가지 못하게 바를 하나 쳐놓은 정도였다. 도둑이 소를 끌고 나가지 못하게 하는 것이었다. 그 시절 소를 키우는 것은 자산을 불리는 최고의 경제활동 중 하나였다.

나는 아버지와 아래채에서 잤다. 새벽이면 아버지는 어김없이 아래채 부엌에서 소여물을 끓이셨다. 새벽녘 구수한 소여물 냄새가 모락모락 피어날 때면 더불어 떳떳해지는 아래채 방바닥의 호사를 누리는 것은 막내인 나만의 특권이었다. 그렇게 애지중지 기르던 소는 사람이 할 수 없는 힘센 일을 도맡아 하고 어느 정도 크면 오일장 우시장에서 팔아 집안 경제를 돌아가게 하는 효자 역할을 했다.

 소는 영민하다. 우시장에 팔려고 고삐를 쥐고 집을 나서면 뭔가 이상하다는 낌새를 알아채고 꿈쩍하지 않고 버티기 시작한다. 겨우 어르고 달래 우시장에서 낯선 사람의 손에 고삐가 넘겨지면 소는 눈물을 보이며 포기한다. 그 시절 사람은 비록 때를 놓쳐 굶기도 했지만, 기르는 소만큼은 절대 끼니를 거르지 않게 하고 수시로 털을 닦아주고 다듬어 주고 지극정성을 다해 길렀다. 그러다 결국 식구들이 먹고살기 위해 정성을 다해 길렀던 소를 팔아야만 했다. 참 아이러니한 사실들에 어릴 때는 감정의 혼란을 겪었던 적도 있었다.

 소는 지금의 반려동물과는 또 다른 무엇인가가 있었다. 어느 때인가 소가 새끼를 낳았는데 절름발이였다. 가엽고 불쌍해서 정성스레 키웠지만, 농사일을 할 수 없어 아버지께서 시장에 팔고 하셨다. 하지만 시장에서 장애 소를 사 가겠다는 사람이 없어 할 수 없이 집으로 다시 데리고 왔다. 어느 정도 장성하게 키워서 결국 팔았다. 나는 그 소와 정이 들어 마음이 많이 아팠다.

지금의 반려동물은 가족과 같다. 죽을 때까지 같이 살다가 때가 되어 무지개다리를 건널 때는 가족과 같은 슬픔을 가지고 이별하고 장례도 잘 치러준다. 그러나 그 시절 소는 반려동물이지만 분명한 목적을 가진 반려동물이었다. 잘 키워 집안일에 활용하다 비싼 몸값을 받고 팔아야만 잘한 일이 되는 것이다.

우리 집은 아버지께서 계실 때에는 소를 늘 키웠다. 아버지가 돌아가시자 소를 아버지처럼 잘 기를 사람이 없어서 소를 기르지 않았다. 나는 아버지 옆에서 아버지가 소를 기르는 모습을 고스란히 보고 자랐다. 지금도 소를 보면 그때가 생각난다.

좀 재미있는 이야기지만 아버지는 사람도 소띠를 특별히 좋아했다. 어머니가 소띠였고 내가 소띠다. 소가 집안에 도움을 많이 주는 동물이라 소띠를 가진 사람도 소처럼 열심히 살아 잘 살 것이라는 믿음을 가지고 계셨다. 그러면서도 아버지께서는 늘 내게 소 뒷발을 조심하라고 말씀하셨다. 소 뒷발에 차여 불구가 된 사람도 있다고 하셨다. 소가 진짜 뒷발차기를 할 수 있을까? 어쨌든 나는 한 번도 못 봤다.

아버지의 밥상

아버지의 밥상에는 어머니의 정성이 깃들어 있다. 어머니는 아버지의 밥상만은 매번 따로 한 상 차려서 내놓으셨다. 아버지의 밥상에는 생선이 구워져 있고 맛있는 특별한 반찬들이 놓여 있었다. 그러나 어머니의 밥상에는 매번 김치만 올려져 있었다.

나는 밥상이 방안으로 들여오면 아버지 밥상과 어머니 밥상을 돌아가며 훑어보는 버릇이 있었다. 그리고 수저와 밥을 들고 슬그머니 아버지 밥상으로 다가가면 아버지는 생선을 먹으라고 하시며 뼈를 발라주시고 아버지는 입에 대지 않으신다. 어릴 때는 부모님께서 생선을 싫어하시는가 생각했지만 커서 왜 그러셨는지 알게 되었다. 자식 입에 맛있는 것, 한 입이라도 더 넣어주려고 그랬던 것이다.

어머니는 주로 반야월 5일 장에 찬거리를 사러 가셨는데 나도 군것질을 하려고 따라나섰다. 일하시는 아버지 밥상에 올릴 갈치와 고등어를 사고, 나는 풀빵을 얻어먹으며 장을 구경하는 재미가 있었다. 어머니는 늘 나에게 작은 먹을거리를 사 주시며 시장을 데리고 다녔다.

한 푼이라도 흥정해서 깎으려는 어머니와 방어 전략을 쓰는 상인 아주머니와의 치열한 수싸움을 구경하며, 어머니의 승리로 물건값을 깎았을 때는 덩달아 나도 기분이 좋았다. 부엌에서 저녁 군불 때고 남은 불씨에 고등어를 올리면 노릇해지면서 고소한 냄새가 풍긴다. 침이 꼴깍 넘어가지만, 고등어는 아버지가 드시는 것이므로 감히 넘볼 수가 없었다. 그렇게 어머니는 아버지의 음식을 챙기셨다. 그리고 아버지는 자식 중 막내인 나에게 그 맛있는 걸 늘 내어주셨다.

객지에 자식이 있으면 부모는 음식을 싸서 자식에게 보낸다. 요즘 같은 시대에 얼마나 요리하기 좋은 제품들이 쏟아져도 부모들은 본인 손으로 만든 음식을 싸서 갖다 줘야만 내 자식이 먹었다 안심한다. 그런데 자식들은 부모의 마음을 아는지 모르는지 도통 관심이 없고 잘 먹지도 않는다. 심지어 냉장고에 보관 중인 반찬이 못 먹을 정도로 상해 버리는 경우도 많다. 이래저래 부모의 마음만 타들어 간다. 하지만 정작 자식들은 부모의 걱정과 반대로 잘 먹고 산다는 사실이다.

아련한 그 시절 오일장에 대한 추억이 그리워 요즘에 아내와 가끔 들린다. 후덕한 인심에 덤으로 얹어 주는 미덕은 그대로다. 아내는 옛날 어머니처럼 물건값을 깎을 줄 모른다. 오히려 수북이 쌓여 있는 나물을 이천 원에 판다고 하면 오천 원은 받아야 한다고 돈을 더 내어준다. 옛날 어머니도 고맙고 지금의 그런 아내도 내게는 참 소중한 내 사람이다.

지금은 많이 퇴보하긴 했지만, 오일장은 농촌에서는 여전히 노인들이 기다리는 날이고 만남의 날이며 장터국밥을 한 그릇 하는 날이다. 장날은 아버지께서 거하게 막걸리 한잔하는 날이기도 하다. 그리고 지금 나는 옛 추억을 더듬는 날이기도 하다.

그 많던 늑대는 어디로 갔나?

내가 어릴 때 밤에는 문을 닫은 방안에서도 들릴 만큼 늑대 울음소리가 구슬프게 들렸다. 주로 새벽에 아기 소리처럼 들려서 어머니는 늑대가 말을 안 듣는 아이를 데려가려고 산에서 내려온 거라고 했다. 아이들이 어른 말을 듣지 않으면 밤에 늑대가 데려간다는 말에 나는 가슴을 콩닥콩닥거리며 이불속으로 깊이 숨어들었다. 구슬프게 울부짖는 늑대 소리에 귀를 쫑긋거리며 우리 집으로 오지 않기를 빌었다. 그리고 어머니 말씀을 잘 듣겠다고 다짐하면서.

그 많았던 늑대는 어디에서 왔을까? 우리 집에서 팔공산까지는 꽤 먼 거리인데 매일 밤에 민가로 내려와서 나를 공포에 떨게 하다니 어디에 있다가 밤에 내려오는 걸까? 어린 나는 매일 밤 의문이었다. 늑대는 개과 동물로 얼굴이 길쭉하고 야생이며 잡식이고 육류를 주로 먹는다고 한다. 그래서 산에서 기거하면서 밤에 민가에 닭이나 염소를 잡아먹으려고 내려온다고 한다. 우리 집 화장실은 문밖 마당을 거쳐 대문 옆에 있었다. 밤이 되면 모두 다 무서워서 갈 수가 없었고 할 수 없이 가야 한다면 플래시로 불을 밝히고 전 식구가 화장실 앞에 줄을 서서 기다려 주곤 했다.

　아버지는 혹시나 늑대가 우리 집 소를 해칠까 봐 온 신경을 곤두세우고 방안에 무기로 쟁기를 준비하여 일전을 불사르곤 하셨다. 우리는 혹여나 늑대가 방문을 열고 들어올까 봐 겁이 나서 방문 고리를 꽁꽁 걸어 잠그고 그것에 더해 숟가락까지 꽂아 안전장치를 했다. 아마도 늑대는 우리의 방어 태세에 놀라 우리 집은 얼씬도 못 하였으리라.

　내가 중학교 들어갈 때쯤, 늑대의 울음소리는 자취를 감추었다. 더 먼 산으로 숨어들었는지 더 이상 울음소리를 들을 수 없었다. 사실 그때는 늑대의 울음소리가 밤이면 자주 들렸었는데 주변에 아무도 본 사람이 없으니 지금에 와 생각해 보면 늑대가 진짜 있었나 싶기도 하다. 누군가는 늑대라고도 하고 누군가는 이리라고도 하고, 요즘 TV를 통해 빨간 눈을 가진 늑대를 보면 그때 그 시절 내 고향 반야월에서 들렸던 아기 울음소리가 생각난다. 그 많은 늑대는 어디로 갔을까?

모내기와 맛난 중참

나의 고향 집의 연중 제일 큰 행사는 모내기하는 날이다. 4마지기 논의 모내기는 하루 종일 걸리는 작업이라 이날은 우리 식구 모두 동원된다. 이날 우리 집은 아버지, 어머니, 자식들이 모두 논으로 동원되어 하루를 온전히 모와의 사투를 벌여야 했다. 논에 모를 심는 것도 지금의 자동화 기계가 없던 시절에 직사각형 나무틀을 만들어 나무틀 위에 모를 일정 간격으로 표시된 곳에 심는 방식이다. 그래서 1개 나무틀에 3명씩 전체 2개 나무틀에 6명이 모심기를 한다. 여기서 중요한 것은 3명이 나무틀의 표시된 곳을 분담해서 해야 작업 속도가 빠르기에 누구 한 사람 손놀림이 느리면 나무틀을 옮길 수 없어 빠른 손놀림이 필요했다.

전문 농사꾼인 아버지께서는 작업 속도가 빨라서 우리에게 분담된 작업 일부를 대신 맡아 하시며 모내기 작업 속도를 조절하신다. 모내기는 등을 구부려서 하는 일이어서 허리는 뻐근하고 논바닥에 물을 대어 발이 푹푹 빠져 발을 옮기기도 힘들며 심지어 검은 거머리가 종아리에 붙어 나의 귀한 피를 빨아 먹기도 했다. 힘든 일을 하면서도 간절히 바라는 건 내가 심고 있는 모가 잘 자라서 우리 집의 귀한 양식이 되어줄 거라는 희망과 어머니의 맛있는 중참이 오길 학수고대하며 참고 또 참는다. 드디어 어머니가 머리에 쟁반을 이고 저 멀리 논두렁길로 걸어오는 것이 보인다. 어머니가 우리 논까지 도착하려면 한참 기다려야 하지만 우리는 어머니가 보이자마자 손을 놓고서 널따란 논두렁에 자리 잡고 먹을 채비를 했다.

 고된 노동에 배가 고픈 와중에 아버지의 호령이 이어지는데 중참이 늦었다고 어머니께 한 말씀 하신다. 우리 집의 중참은 언제나 국수이다. 어머니도 논에서 일을 하다가 집에 가서 해오는 중참이기에 계란지단이나 채소를 볶아 만든 고명도 없이 김치를 쫑쫑 썰어 넣은 국수는 허기진 배만 채우기에 부족함이 없었다. 먹는다기보다 입에 집어넣는다는 표현이 맞을 정도로 한 그릇이 젓가락질 몇 번에 빈 그릇 소리가 났다. 우리는 그렇게 두세 번 국수를 말아 삼켰다. 그때의 맛을 잊을 수가 없다.

 모내기를 한 저녁에는 어머니의 특별 메뉴가 기다렸다. 미꾸라지로 얼큰한 추어탕을 끓이셨다. 어머니의 추어탕은 토란을 꼭 넣었는데 힘든 일을 해서인지 배가 고파서 먹어서인지 하여튼 최소 두 그릇씩을 비워야 수저를 놓았다. 나는 지금도 추어탕을 좋아해서 단골 맛집에 가서 추어탕을 먹기도 하고 포장해 와서 먹기도 한다. 하지만 토란을 넣는 식당은 없다. 배추나 부추를 넣는 곳이 대부분이라 예전의 어머니 추어탕을 맛볼 수는 없다.

 구령에 맞춰 모 틀을 옮기며 힘든 노동으로 가족의 정을 다졌던 우리 식구들, 그리고 어머니의 국수, 추어탕, 지금도 우리 형제자

매들은 나처럼 그때를 마음 깊이 기억하고 그리워할 것이다.

마법의 손

어머니는 자식들의 생일상을 빠뜨리지 않고 챙기셨다. 보통 생일날은 미역국을 끓이지만 우리 어머니는 꼭 소고깃국을 끓이셨다. 미역국보다 소고깃국이 더 고급이라 여기셨는지 미역국보다 소고깃국이 맛있다고 생각하셨는지는 모르겠지만, 항상 한우 소고깃국을 맛있게 끓이셨다. 평소에 잘 먹지 못하는 소고기를 넉넉하게 넣고 무와 대파를 숭덩숭덩 썰어 넣고 고춧가루를 휙 뿌려 얼큰하게 끓이셨는데 그 맛이 일품이었다.

아내가 나와 결혼을 하고 첫 시어머니 생신에 가족들이 모여 음식 장만을 하는데 미역국이 아닌 소고깃국을 끓이니 이상하다고 고개를 저었던 기억이 난다. 요즘 내 생일에 아내가 끓여주는 미역국을 먹으면서 어머니를 생각한다. 어머니는 어쩌면 소고기가 미역보다 비싸고 미역국은 평소에도 한 번씩 먹을 수 있지만, 소고기는 그렇지 못해서 생일에는 특별히 소고깃국을 준비하신 것이 아닌가 생각한다.

소고깃국은 가마솥으로 한 솥 뭉근히 고듯 끓여서 진한 국물이 아주 맛있었다. 하지만 식구가 많아서 큰 가마솥에 한 솥을 끓였지만, 하루 만에 동이 났다. 그 맛난 소고깃국에 김이 모락모락 나는 흰 쌀밥을 말아먹으면 행복하기 그지없었다. 다음 생일은 누구인지 또 그때가 되어야 이 국을 먹을 수 있으니까 먹을 수 있을 때 많이 먹어두자 심보로 나는 배가 불러도 또 먹었다.

생각해 보면 어머니는 국 요리를 잘하셨다. 국 중에서도 특히 고딧국을 자주 끓이셨는데, 살아 있는 고디를 삶고 바늘로 고디 속을 일일이 파내어 그것으로 시래기나 배추를 넣고 시원하게 끓인다. 고디의 새파란 국물이 우려 나오면 고딧국 하나만으로 다른 반찬이 필요 없었다.

결혼하고 포항에서 어머니를 뵈러 반야월에 가기 전, 전화로 언제 도착하겠노라 연락을 해놓으면 어머니는 그날에 어김없이 고딧국을 한 솥 끓여놓으신다. 나는 어려서부터 고딧국을 많이 먹었다. 그러나 아내는 생소한 음식에 처음에는 안 먹겠다고 버티더니, 한두 번 맛을 보고서는 지금은 아주 마니아가 되어 좋아하게 되었다.

어머니의 국은 내용물은 별것 없이 단순해도 특별한 맛을 내는 비법이 숨어 있는 듯했다. 된장찌개도 집에서 담그는 된장을 쓰는 것 외에 별다른 부재료를 쓰지 않는데 맛이 있다. 그 맛의 비법은 다름 아닌 '어머니의 손맛'일 거다. 그 어떤 양념이나 비법보다 어머니의 손맛을 따라올 수는 없다. 그러니 어머니의 손은 '마법의 손'이다.

어머니의 김장김치도 특별나서 겨울에는 김치로 반찬을 대신했다. 냉장고가 없어 김치는 마당 한 군데를 깊게 파서 장독을 묻고 그 위에 짚을 얹어 얼지 않도록 했다. 아침마다 뚜껑을 열고 한 포기씩 김치를 꺼내 길게 찢어 밥에 얹어 먹는다. 생각만 해도 입에 침이 고인다. 장독에서 김치를 꺼내는 일은 가족 중 제일 막내인 내가 맡았고 배추김치와 무 한 덩어리가 매일 밥상 위를 장식했다. 김장 배추는 앞마당에 텃밭을 일구어 넉넉히 재배하였고 내가 결혼해서는 김장김치를 자식들에게 골고루 나눠 맛볼 수 있게 하셨다. 김칫소에 별달리 넣은 양념도 없는데 맛은 기가 막혔다.

이제는 이러한 김장풍습도 점점 사라져 간다. 온라인으로 판매하는 요즈음 김치와 차원이 다르다는 걸 모두 알고 있다. 그러나 시대가 변했고, 나부터도 간편하고 편한 것을 추구하다 보니 옛날 어머니의 김치는 추억으로 남기고 아쉽지만 잊어야 하는 것 같다. 물론 그 당시에는 먹을 것이 귀했던 시절이라 더 맛있었을 수도 있다. 그러나 촌스러운 내가 그리운 건 어쩔 수 없다. 고깃국을 먹고 싶어 식당에 가고, 추어탕이 먹고 싶어 식당에 가면 그저 어머니 생각만 아련하다.

어머니 음식을 그리워하는 나는 진정한 꼰대인 것인가?

수건에 가려진 어머니 머리

어머니는 머리를 길게 길러 말아 올려서 비녀를 꽂으셨다. 항상 같은 머리 모양을 하고 계셨고 어디 멀리 여행을 가시는 것도 못 봤고, 가까운 친척 집에도 잘 가시지 않고 오로지 일만 하셨기에 머리를 따로 만질 기회도 없었다. 그래서 어머니의 머리 모양은 언제나 그 모습 그대로였다. 내가 기억하는 어머니는 머리 모양이나 얼굴을 가꾸는 것과 거리가 먼 분이셨다.

그런데 어느 날 부엌에서 본 어머니의 모습은 이상했다. 평소 말아 올린 뒷머리가 보이지 않았고 흰 수건을 두르셨는데 비녀가 없어졌으며 머리카락도 짧게 단발머리가 되어 있었다. 놀란 나는 엄마 머리가 왜 그러냐고 물었다. 어머니는 아무 대답 없이 그 자리를 피해버리셨다.

그 당시에는 사람의 긴 머리카락을 가발을 만드는 곳에서 사 가기도 했다. 어머니는 자신의 머리를 잘라서 파신 것이었다. 급전이 필요했던가 아니면 쌀이 떨어져 식구들을 굶게 하지 않으려고 했든가 아무튼 둘 중 하나의 이유로 그렇게라도 해야 했다.

모양내는 데는 관심이 없는 분이지만 어머니도 여자다. 여자로서 머리를 자른다는 것이, 많이 힘들었을 것이다. 그때 나는 어려서 자세한 이유를 알 수 없다. 다만 그 당시 우리 집은 식구들 끼니가 늘 걱정이었다. 그래서 어머니가 항상 백방으로 노력하고 계셨다는 것을 알고 있다. 어머니의 가슴 아픈 짧아진 머리는 한동안 수건에 가려져 있었다.

 어머니의 인생은 가족에게 오롯이 희생한 삶이었다. 가족들을 위해서라면 무엇이든 내어주고 무슨 일이든 할 수 있다. 어머니는 머리를 감으시고 난 후에는 언제나 긴 머리를 빗질했는데 그렇게 짧아진 머리를 빗을 때 어떤 심정이었을까? 아 나는 또 가슴이 미어진다. 가족의 평안과 안녕을 위해, 내 한 몸 내 머리카락쯤이야 하시며 대수롭지 않다고 생각했을 것이다. 그런 분이 나의 어머니이시다. 또 눈물이 난다.

 나도 자식을 키웠다. 그러나 우리 어머니만큼 사랑의 온도가 뜨거웠을까? 이제 며칠이 지나면 어버이날이지만 꽃 한 송이 전할 길이 없다. 이 불효를 무엇으로 갚으랴! 한가한 오후에 저 먼 산에 계시는 어머니의 무한한 사랑을 다시 생각해 본다. 어머니! 이렇게 어머니의 마음을 어렴풋이 알고 나니 정작 어머니는 지금 제 곁에 없습니다.

어머니의 칼국수

어머니는 칼국수를 자주 해주셨다. 식구들이 밀가루 음식을 좋아해서 잔치국수와 칼국수를 자주 먹었다. 그런데 칼국수는 집에서 밀가루를 직접 반죽하여서 만드는 과정이 복잡하고 힘들었다. 먼저 밀가루를 반죽하여 둥글게 펴서 둥근 방망이로 굴려서 두께를 얇게 해야 했다. 힘도 들고 반복되는 작업이 귀찮기도 했을 텐데, 어머니는 중간중간 물을 바르고 밀가루를 뿌려가며 쉴 새 없이 방망이 굴리기를 계속하였다. 그래서 두께가 얇아지면 말아서 촘촘히 썰어 끓는 물에 흔들어서 넣는다.

어머니는 말아진 밀가루 반죽을 썰고 끝부분을 남겨 아궁이 불씨 위에 얹어 노릿노릿 익혀 나에게 주신다. 쫀득하게 익은 밀가루떡이 간이 되지 않았는데도 우리 다섯 남매들은 서로 먹으려고 싸움이 나지만 어머니는 늘 막내인 나에게 주신다. 나는 위에 형, 누나들 약을 올리며 저 멀리 달아나 나만의 포식 시간을 갖곤 했다.

칼국수는 호박을 쓱쓱 쓸어 넣었는데 가마솥에 한 솥 끓이면 어김없이 금방 동이 난다. 우리는 먼저 한 그릇이라도 더 먹으려고 빨리 먹기 대회를 한다. 어머니는 행복한 미소를 지으시며 자식들의 빈 그릇을 퍼 주기 바빠 정작 본인은 먹을 여유도 없고 자식들이 배불리 다 먹고 뒤에야 한술 뜨신다. 자식 입에 음식 들어가는 걸 보기만 해도 배가 불렀던 우리 어머니이시다.

그리고 어머니의 잔치국수도 참 맛있었다. 어떻게 육수를 냈는지 알 수 없지만 구수한 그 육수 맛은 별미였다. 어머니의 잔치국수가 빛을 발할 때는 모내기하는 날이었다. 어머니는 집에서 한참이나 떨어진 논까지 그것을 머리에 이고 오신다. 시원한 육수에 국수 한 덩어리를 말고서 양념간장을 넣어 먹었던 맛은 지금 생각해도 군침이 돈다. 그 시절에도 식당은 많았지만 우리는 형편상 언제나 집에서 음식을 해 먹어야 했기에 어머니의 손맛에 길들여져 있었다. 국수를 그만큼 먹었으면 질릴 법도 한데 지금도 나는 국수를 좋아한다. 예전의 식성이 향수로 남아 있어서일까?

가끔 닭장에서 큰 닭을 잡아서 푹 고아 몸보신을 하기도 했지만, 대부분은 팔아 집안 생필품을 사야 했다. 지금도 나는 그때의 맛을 떠올리며 면 종류를 즐긴다. 사실 나의 아내도 국수를 맛나게 잘한다. 그러나 우리 어머니 국수 맛을 아직 따라오기는 힘들다. 이런 말을 책에다 떡하니 해버렸으니 이제 나는 아내에게 국수를 얻어먹기 힘들어질 것이다. 그러나 나는 용기 있게(?) 밝힐 수밖에 없다.

어머니의 조밥

어릴 적 가난했던 집안 형편을 글로써 언급하고 싶지는 않았지만 다 지난 일이고 어린 시절 이야기를 하다 보니 가난이 주는 에피소드가 많아 어쩔 수 없이 하게 된다. 당시에는 대부분 못 먹고 못 입었던 시절이었다.

잠자리 둥근 베개 속에 조를 넣었는데 우리 집도 그랬다. 베개 속에 무엇이 들었는지 나는 관심 밖이었지만 그 일이 있고부터 베개 속에 조가 들어 있다는 것을 처음 알게 되었다. 우리 집 부엌에는 쌀을 담아놓은 항아리가 있었는데 항아리 위에는 돌을 얹어 눌러 고정시켜 놓았다.

나는 가끔 주전부리가 생각나면 항아리 뚜껑을 열고 생쌀을 한 움큼 집어 먹곤 했다. 그런데 어느 날 부엌에 들어갔더니 어머니께서 베개를 뜯고 계셨다. 나는 무얼 하시느냐고 물었다. 어머니는 이걸로 밥을 해야 한다며 베개 속에 무언가를 바가지에 옮겨 담고 계셨다.

베개 속에는 조가 들어 있었다. 쌀 항아리에 쌀이 한 톨도 남지 않아 어머니가 고육지책으로 생각해 낸 가족의 먹거리였다. 그날 저녁 밥상 위에는 조가 잔뜩 들어간 조밥이 올라왔다. 나 외에는 아무도 모른다고 생각했다. 그냥 우리 가족은 평소처럼 맛있게 밥을 먹었다. 그러나 말은 하지 않았지만, 쌀이 없다는 걸 모두 다 알고 있었다.

어머니는 식구들의 끼니를 거르지 않게 하기 위해 혼신의 노력을 다했다. 어머니의 그 정성으로 어려운 생활을 했지만, 우리 가족은 한 번도 굶어본 적이 없다. 지금은 영양식으로 조를 밥에 조금씩 섞어 먹는다. 그러나 조가 많이 섞인 밥은 입안에서 모래같이 돌고 텁텁해서 나는 영 맛이 없다. 조를 털어낸 베개 속은 등겨로 채워 넣어 봉했다.

그날 저녁에 베개를 베고 누웠는데 낮에 있었던 일이 생각나 잠이 오지 않았다. 조밥을 밥상 위에 올렸을 때도 아버지 밥은 쌀이 많이 섞여 있었다. 하지만 베개까지 뜯어 끼니를 해결해야 했던 어머니를 생각하니 가슴 아래쪽이 조금 아려왔다.

논농사를 지었어도 쌀을 팔아 다른 생필품을 사야 해서 먹을 양식은 언제나 부족했다. 나는 그 어려웠던 때가 자주 생각난다. 그립지만 가난했던 옛날로 다시 돌아가고 싶지 않아서일까? 지금도 몸에 좋다는 잡곡밥을 선호하지 않는다. 아내는 건강을 위하여 잡곡이나 현미밥을 먹자고 하지만 나는 쌀밥을 고집한다. 앞으로도 한동안은 계속 그럴 것 같다.

우물의 추억

반야월 집 마당에 우물이 있었다. 상수도가 없던 시절에 우물은 우리의 식수였고 세수며 빨래를 하는 곳이다. 우물은 깊었고 바가지에 줄을 매달아 물을 길어 올려 사용했다. 우리 우물은 아무리 가뭄이 심해도 물이 철철 넘쳤다. 차디차서 한여름에 등목하면 깜짝 놀랄 정도였다.

바가지로 목을 축이면 시원함이 어디에도 비교가 안 될 정도였다. 나는 어릴 때 우물에 머리를 처박고 바닥을 보는 놀이를 자주 했다. 맨 밑바닥에 나의 얼굴이 투영되고 그 위로 작은 물고기가 노닌다. 나는 밑으로 내려가고 싶은 충동이 일었다. 그러나 돌로 쌓아놓은 벽이 미끄러울 것 같아 엄두가 나지 않아 시도도 하지 못했다.

겨울이면 우물 주위는 얼음으로 꽁꽁 얼어 바닥이 미끄러웠고 그 깊고 깊은 우물 속에 무언가 사는 것 같아 궁금할 때가 많았다. 아주 어릴 적 나는 우물에 용이 살고 있다고 믿었다. 그래서 언젠가는 용이 승천하여 우리 집에 큰 보물을 안겨주리라는 말도 안 되는 생각을 한 적도 있었다. 동전이 생기면 한 번씩 우물 밑으로 던져 가난한 우리 집이 부자가 되게 해달라고 행운을 빌었다.

목욕할 때는 우물에서 물을 길어 가마솥에 끓이고 큰 대야에 물을 받아서 했다. 누가 훔쳐볼까 봐 후다닥 초스피드로 물만 찍어 바르고 뛰쳐나와 방안으로 숨었다. 그러나 어머니는 나를 다시 데리고 밖으로 나와 온몸이 빨갛게 때를 벗기고서야 목욕을 마칠 수 있었다. 어머니의 집요하고 끈질긴 때밀이가 겁이나 나는 요리조리 핑계를 대며 목욕을 하지 않으려고 도망을 다녔지만 헛수고였다. 나는 늘 어머니에게 잡히고 말았다.

우리 집의 명물이던 우물은 상수도가 들어와서 무용지물이 되었다. 그리고 콘크리트로 우물을 덮어버렸고 이후 많은 추억이 깃든 반야월 우리 집 우물은 다시는 볼 수 없게 되었다. 지금은 집이 도시계획으로 도로가 나버려 흔적조차 없다. 하지만 우물은 지금도 땅속에서 시원한 물로 가득 차 있을 것이다. 나는 가끔 눈을 감고 찰랑찰랑한 맑은 우물을 생각한다. 그리고 내 상상 속 작은 물고기도 용이 되어 날아 하늘로 올라갔을까?

일생일대의 치욕적인 사건

생각할수록 너무나 부끄러운 일이 하나 있다. 고등학교 때 일이다. 나는 어릴 때부터 집에서 소변을 볼 때는 화장실을 가기가 귀찮아서 늘 집 뒤란 하수구로 통하는 배수로를 이용했다. 대문 옆에 변소가(화장실이란 말보다 변소라는 말이 더 어울리는 곳이다) 지척이지만 조금 멀다는 핑계와 변소 문을 열고 들어가는 것을 싫어해서 부엌 뒤쪽에 있는 뒤란 배수로 특정 장소에 나만의 소변을 보는 장소가 있었다. 물론 대변은 꼭 변소를 이용했다. 그러나 소변만큼은 꼭 그곳을 이용했다.

그러던 어느 휴일 나로서는 생각할수록 낯 뜨겁고 나의 인격이 무참히 무너지는 수치스러운 사건이 발생했다. 나는 여느 때와 같이 뒤란에서 시원하게 소변을 보고 있었다. 그런데 담장 너머 길에서 누군가 인기척이 느껴졌다. 고개를 돌리는 순간, 나는 그 자리에 그대로 얼어붙고 말았다.

길에서 우리 집 담장 너머로 내가 소변을 보고 있는 모습을 본 사람은 다름 아닌 옆집에 사는 동갑내기 여고생 순이였다. 아마도 그 아이는 길을 가다 내가 보이니 무얼 하나 궁금해서 보게 된 것일 것이다. 불순한 의도는 없었을 것이다. 그러나 나는 동갑내기 순이에게 나의 소중한 부분(?)을 보여주고 말았다. 너무 놀란 나는 바지춤을 움켜잡고 방으로 뛰어 들어갔다. 생각만 해도 부끄러워 얼굴이 화끈거렸다.

앞으로 동네를 오가며 순이를 보게 될 텐데, 저 아이를 어떻게 봐야 하나 생각하니 걱정이 이만저만 아니었다. 나는 가능한 한 그 아이와 마주치지 않으려고 이리저리 피해 다녔다. 학교 가는 버스 시간도 그 아이를 피해 일찍 나갔고, 그 아이가 자주 가는 동네의 구멍가게나 성당 근처에는 얼씬도 안 했다.

그러던 어느 날 빼지도 박지도 못하게 결국 순이와 딱 마주치고 말았다. 수업을 마치고 버스를 탔는데 순이가 이미 그 버스에 딱 타고 있는 것이 아닌가? 나의 몸은 이미 버스에 올라가 있었고 곧 버스는 출발하였기에 나는 엉거주춤 버스 뒤쪽으로 가서 앉았다. 순이와 눈을 마주치지 않으려고 차창 밖만 쳐다보았다.

그렇게 기나긴 시간이 흐른 후 집 앞 정류장에 다다라 내리려고 얼른 차 문 앞에 가서 서 있었다. 어, 그런데 순이가 내 옆으로 다가와 떡하니 서는 것이 아닌가. 차가 정차하자 순이는 내 옆으로 더 가까이 서더니 내 귀에 나지막이 속삭였다. 투박한 대구 사투리로 "그때 미안했다." 아! 나는 차에서 내리자마자 잽싸게 집으로 내달렸다. 순이와 다른 여학생들의 키득키득 웃음소리를 뒤로 한 채.

나는 그 일이 있고 난 후부터 순이를 무조건 피해 다녔다. 어쩌다 마주치면 순이가 실실 웃는 듯해서 견딜 수가 없었다. 나의 자존심은 바닥에 내팽개쳐졌다. 내가 만약 그런 장면을 목격했다면 나도 친한 친구들에게 신나게 떠들고 다녔을 것이다. 그러니 일생 한번 볼까 말까 한 그런 장면을 봤으니 순이도 자기 친구들에게 신나게 말하고 다녔을 것이다. 수치심이 나의 몸을 휘감았던 감수성 예민했던 사춘기 시절의 한 페이지를 넘겨본다.

지금은 옛날 우리 집과 옆집인 순이 집도 철거되어 아련한 추억이 되었다. 고등학교 졸업 후, 순이는 다른 곳으로 이사 갔는지 영영 볼 수가 없었다. 지금 이렇게 나이 먹어 다시 만난다 해도 조금은 부끄러울 것 같다. 순이야 제발 웃지 마라!

앞집의 미스터리

반야월 우리 앞집은 굿을 하는 집이었다. 집안 별채에 불당이 차려져 있고 손 없는 좋은 날이면 새벽까지 징 소리가 울려 퍼지며 굿을 했다. 큰 굿을 하는 날이라고 어머니가 일러주시면 우리는 담 너머 앞집 마당에서 하는 굿을 구경했다.

아저씨는 징을 두드리고 아주머니는 둥그런 탁자 위에 올라가 징 소리에 맞춰서 대나무를 흔들거나 쌍칼을 휘두르는 춤을 추는데, 신이 들려서인지 칼이 요상하게 부딪히지 않아 하얀 옷을 입은 아주머니가 정말 귀신처럼 보였다. 그리고 다음 날 굿이 파하면 굿한 음식을 먹어보라고 아주머니께서 우리 집으로 한 상 거하게 차려 주었다. 그때마다 나는 편견이 있었는지 굿을 한 음식이라 개운치 않게 생각하며 먹지 못했다.

우리 집에는 텔레비전이 없어서 김일 선수가 나오는 레슬링을 보러 앞집을 자주 갔다. 방안에 흑백텔레비전이 있었고 이웃 사람들이 모여서 경기를 보곤 했다. 앞집에는 아저씨 한 분과 부인이 두 분으로 한 분은 집안의 살림을 맡아 하시고, 한 분은 아저씨와 굿을 하러 다녔다. 집에서 큰 굿 행사가 있을 때만 계시고 주로 집을 비우신다고 했다. 어머니는 앞집 아주머니와 친해서 매일 놀러 가셨다. 가끔 어머니는 우리 가족의 신수나 사주를 보고 오곤 했다. 앞집에서 보고 온 나의 사주는 내가 나이가 많아지면 출세를 한다고 했다. 글쎄 나는 이미 퇴직하고 나이도 육십을 넘어 나이가 많을 만큼 많은데 아직도 출세를 못 했으니 때가 아닌지 더 기다려 보아야 할까 보다.

앞집 두 분 아주머니에게는 자식도 각각 있었다. 같이 한집에서 살았는데 어머니가 다른 자식들은 자주 싸우는 소리가 들렸다. 여간해야 싸우지 않는 우리 집과는 많이 달라 우리는 그때마다 신기해서 귀를 쫑긋 세우고 엿듣곤 했다. 앞일을 예언하는 부모인데 자식끼리 허구한 날 싸우고 있으니 우리 식구들은 앞을 내다보는 무당이라도 잘사는 건 아니구나 싶었다.

집에 살림하는 아주머니는 너무 인자하셔서 나에게 무슨 말을 할 때는 늘 웃음을 띠고 부드럽게 말씀하셨다. 내가 마당에서 공놀이하다 공이 앞집 뜰로 날아가면 아주머니께선 공을 주워 받아라 하시며 우리 집으로 던져주셨다. 가을 감나무에 홍시가 앞집에 떨어지면 그것을 주워 나에게 주시면서 또 웃으셨다. 그때만 해도 나는 어렸고 다른 사람들도 무당에 대한 선입견이 있었다. 저렇게 좋은 분이 무당이라니 이해가 되지 않아 아주머니를 유심히 관찰하고 살폈지만, 역시 너무나 좋은 분이셨다. 우리는 앞집에서 징 소리가 들리면 '오늘은 굿하는 날이구나.' 짐작했고 그저 덤덤하게 받아들였다.

 그래서 그런 걸까? 나는 연초 토정비결이나 사주를 믿지 않는다. 어릴 적 앞집에 살던 사람들도 특별할 것 없는 우리와 같은 평범한 사람들이었기 때문이었을까? 하나밖에 없는 딸아이가 결혼 때에도 궁합이나 사주를 보지 않았다. 자기들끼리 좋으면 궁합이 맞는 것이고 인생을 노력하며 사는 것이 정답이라 생각한다. 그러면서도 나이를 먹으면 출세를 한다는 말은 은근히 믿고 싶어 하니 나도 참 생각이 오락가락한다. 그래도 퇴직을 하고 집에 있다 보니 요즘 가끔 뜬금없이 앞집 아주머니의 사주풀이가 생각날 때가 있다.

존경하는 나의 아버지

시골 반야월에서 중학교를 마친 후 대구 시내 고등학교에 입학해 보니, 학교에는 공부 잘하는 아이들로 넘쳐났다. 나름대로 열심히 공부하였지만 도시 아이들과의 경쟁에 뒤처졌다. 지금도 마찬가지겠지만, 그때도 도시의 아이들은 학교에서 수업을 마친 후 부족한 과목은 학원이나 과외로 보충하는 빡빡한 일정을 소화하고 있었다. 나는 집안 형편상 학원은 엄두도 낼 수 없기에 수업이 끝나면 곧바로 버스를 타고 1시간 걸려 집으로 왔다. 그래도 중학교 때에는 상위권이었는데 고등학교에서는 실망의 연속이었다. 더욱 실망스러운 것은 이러한 현실이 앞으로 나아지지 않을 것이라는 거였다.

그렇게 1학년 1학기가 끝나갈 무렵 청천벽력 같은 일이 벌어졌다. 아버지께서 몸이 좋지 않아 입원하셨고 검사결과 위암 판정을 받았다. 그리고 너무 진행이 많이 되어 치료 불가능하다는 진단이 나왔다. 고등학교 1학년의 어린 마음에 앞으로 우리 집이 어떻게 될지 가늠하기조차 어려웠다. 병원 중환자실에 면회 가서 뵈었을 때 야윈 얼굴의 아버지가 나를 쳐다보고 겨우 알아들을 정도의 말씀만 하시는데 눈물이 하염없이 흘렀다. 나는 막내였고 아직 고등학교 1학년밖에 되지 않았으니 아버지의 마음이 오죽했을까?

그 당시 더 이상의 치료는 불가능하다는 이야기를 듣고 병실을 나와 버스를 타고 집으로 오는 길에 차장 밖을 보면서 머리가 멍해지고 가슴이 갈기갈기 찢겨 나가는 것 같았다. 지금도 암은 무서운 병이고 쉽게 고칠 수 있는 병은 아니다. 40여 년 전 일이니 손쓸 방법이 더더욱 없었을 것이다. 병원에서 더 이상 할 수 있는 것이 없어 집으로 모셨다. 안방에 누워 계신 아버지는 오히려 병원에 계실 때보다 편안한 모습이었다. 가족들과 간간이 이야기도 나누시면서 집으로 오신 후 3일 만에 세상을 떠나셨다. 나의 아버지는 지금의 나보다 네 살 어린 육십의 나이에 돌아가셨다.

아버지는 글을 배우지 못했고 평생을 농사나 잡일을 하시며 가족들의 생계를 책임지셨다. 많지 않은 농사와 함께 집에서 돈을 벌 수 있는 일을 하셨다. 볏짚으로 만든 새끼줄을 만들어 파는 일이었다. 그 당시 볏짚은 가을 추수 후, 주로 소먹이로 사용되었고 남는 것은 퇴비로 처리하였는데 아버지는 남는 볏짚으로 새끼를 꼬아서 팔아 집안 살림을 꾸려나갔다. 새끼를 둘둘 말아 한 통씩 만들면 도매업자가 와서 가져갔다. 소비처가 생겨서 물량을 더 늘리려고 새끼를 만드는 기계를 사서 자동화된 설비를 갖추고 대량생산을 하게 되었다. 나는 짚을 기계에 알맞은 양을 투입하는 것이 재미있어 아버지 옆에서 새끼 짜는 일을 도왔다.

아버지의 새끼 사업으로 집안 형편이 조금 나아지나 싶었는데, 결국 아버지가 우리 곁을 떠나감에 따라 우리 집 형편은 다시 원

점으로 되돌아가고 말았다. 나는 나의 아버지를 사랑했다. 아버지는 그렇게 가족을 위해 헌신적이었고 비록 넉넉하지는 못했지만, 가장으로서 해야 할 일을 열심히 하면서 자식들에게 부지런한 아버지로 기억에 남아 있다.

내가 가장이 되고 난 뒤 농사꾼이었던 아버지를 더더욱 존경하게 되었다. 살아생전 아버지는 자식들에게 큰소리 한 번 낸 적 없고 언제나 자애로운 분이셨다. 늘 자식들을 묵묵히 지켜보시고 자식들의 하는 일이 잘되면 너무나 기뻐하신 마음 따뜻한 분이셨다. 지금 이 글을 쓰면서도 아버지를 생각하면 눈물이 고인다. 비록 나는 수학여행을 가지 못했고 학원 근처에도 못 갔지만, 아버지의 사랑을 듬뿍 받고 자랐다. 아버지께서 돌아가신 연세보다 지금 내가 더 살고 있고, 이렇게 좋은 세상에서 행복하게 살아가고 있는 것이 아버지, 어머니 덕분 아니겠는가? 나는 내 삶을 열심히 살아오면서 내 자식에게도 나의 아버지가 그랬던 것처럼 많은 사랑을 주리라 무수히 다짐했다. 부모님께 물려받은 가족에 대한 무한한 책임감 그리고 자식 사랑을 내가 배운 대로 보아온 대로 그렇게 이어가려 하고 있다. 지금 나는 더없이 행복하다. 이런 행복한 나를 있게 한 나의 아버지를 나는 존경한다.

신비로운 나의 어머니

나의 어머니는 학교를 다니지 못했다. 그런데 글을 어떻게 배우신 건지는 모르겠으나 우리말을 천천히 읽고 비뚤지만 쓰실 줄도 알았다. 몽땅 연필 심지에 침을 발라가며 한 획씩 그어가며 글을 쓰시곤 했다. 그리고 산수도 덧셈과 뺄셈을 배운 적은 없지만 돈 계산도 잘했다. 아마도 살아오면서 생활 속에서 자연스럽게 터득하신 것 같다.

어머니는 여느 어머니와 마찬가지로 자식 걱정으로 한 생을 사신 분이다. 걱정을 일부러 만들어서 하는 것처럼 보였는데 걱정을 하시면 얼굴에 금방 표가 났다. 눈 밑에 주름이 파이고 눈에 눈물이 고이는 것이 특징인데, 그 눈물을 손등으로 문지르는 모습을 자주 보이셨다.

자식 걱정을 눈물로 표현하는 어머니의 마음을 어떻게 내가 헤아릴 수 있으랴! 어머니의 가슴이 타고 애간장이 타기에 눈물을 흘리시는 것이 아닌가? 이제는 저 하늘에서 걱정을 내려놓으셨을까? 아마도 어머니는 지금도 우리 걱정을 하고 계실 것이다. 지금도 너는 이렇게 또 너는 저렇게 해야지 하고 바라보고 계실 것이다.

하기야 부모의 마음은 같아서 나도 딸을 늘 걱정한다. 차 조심, 건강관리, 잘 먹고 다니는지 등 걱정거리가 수없이 많다. 그런데 옛날의 내가 그랬듯이 딸은 이런 부모의 걱정에 냉랭하다. 사실 쓸데없는 걱정이고, 본인은 아무 문제 없는데 부모가 괜한 걱정을 한다 생각한다. 맞는 말이다. 나도 예전에 어머니가 그러시면 지금의 딸과 똑같이 생각했고 투정 부렸고 반기를 들었다. 이미 늦은 지금에야 어머니께 퇴짜 놓듯이 했던 말들이 후회된다.

부모는 부모의 방식대로 자식을 걱정하듯이 자식은 자식의 방식대로 부모를 걱정하고 있다. 내 부모가 나를 걱정했고, 나도 내 부모를 걱정했고 나의 자식도 자신의 방식대로 나를 걱정하고 있을 것이다. 그래서 가족은 세상에서 가장 신비롭고 아름다운 집단인 것 같다.

어머니 머릿속의 지우개

나의 어머니는 정말로 일을 많이 하셨다. 우리 집의 농사일뿐만 아니라 가정 형편상 남의 농사일도 많이 나가셔서 자식들을 위해 정말 온갖 고생을 다 하셨다. 반야월 고향은 논농사와 사과 농사 밭농사가 주류였는데 어머니는 아버지께서 돌아가신 후, 이웃집 농사를 거들어 주고 품삯을 받아서 집안 가정을 꾸려나갔다. 고된 일을 마치고 집으로 오면 우리를 위해 저녁을 지었고 어머니는 늘 일찍 피곤한 몸을 누이셨다.

어머니께서 연세가 들고 농사일을 그만두셨을 때부터 조금씩 나타난 증세가 있었다. 금방 일어난 일이나 기억을 자꾸 잊어버리는 것이었다. 연세가 드시니 으레 그러려니 대수롭지 않게 여겼는데 시간이 갈수록 증세가 심해지셨다. 당시에는 어느 노인이든 나타나는 건망증 정도로 대수롭지 않게 생각했다.

그렇게 시간이 흘러가고 급기야 어머니는 반야월 집에서 홀로 지내시기에도 힘든 상황이 되어 어쩔 수 없이 대구의 큰형님 집으로 어머니의 거처를 옮기고 형제들이 돌아가며 모시기로 했다. 우리 집에서 모시는 기간에는 내가 대구에 가서 모시고 왔다. 나는 회사에 출근하지만 어머니와 함께 지내야 하는 아내의 고충은 말할 것도 없이 힘든 날이었다. 무엇보다 가장 힘든 건 증세가 심해지면서 가족을 알아보지 못하고 자꾸 밖으로 나가려고 했다.

어머니는 알츠하이머 즉 치매라는 질병에 걸리셨다. 현대의술로는 아직 완전한 치료가 불가능하며 지금보다 나쁘지 않게만 하는 정도라고 한다. 나는 지금도 치매라는 말만 들어도 눈과 귀가 번쩍 뜨인다. 치매로 고생한 어머니를 경험했기 때문에 치매가 얼마나 무서운 병이란 걸 안다.

현재 우리나라는 급격하게 고령화 사회가 되어가고 있다. 그로 인해 치매는 노인이 많은 우리나라에 심각한 사회문제가 되리라는 것을 미리 예견할 수 있다. 치매라는 병이 조기발견 되면 병의 진행속도를 늦출 수 있고 지금도 좋은 약들이 많이 나오고 있다는 뉴스를 접하고 있다. 그러나 나는 어머니가 그 병을 앓아 우리 가족 모두가 힘든 경험이 있어서 다들 치매라면 벌벌 떤다.

몇 해 전 나는 뇌동맥류를 발견하고 시술한 적이 있다. 그래서 연관은 있지는 않을까? 늘 걱정이 꼬리를 문다. 전문가의 말에 의하면 예방책으로 꾸준한 운동과 뇌를 활성화시키는 독서를 추천하고 있다. 나도 행여나 하는 걱정으로 운동과 독서를 꾸준히 하고 있다.

언제나 가족 걱정, 자식 걱정으로 고생만 하신 어머니는 치매라는 몹쓸 병에 걸려 종국에는 자식도 제대로 알아보지 못하고 생을 마감하셨다. 어머니가 마지막으로 눈을 감으실 때 눈에는 한 줄 눈물이 흘렀다. 치매로 아무도 알아보지 못할 상황이었는데 다섯 자식의 배웅을 받으며 다시는 오지 못할 곳으로 가실 때, 어머니는 자식들과의 마지막이라는 것을 알고 계신 듯했다.

어머니 기일

오늘이 음력 10월 29일 어머니 기일이다. 우리 형제들은 신식 제례 문화를 도입하여 아버지와 어머니 기일을 몇 년 전부터 아버지 기일에 합쳐서 지내고 있다. 자식들의 편의를 위해서 두 번의 제사를 한 번으로 줄여서 지내기로 한 것이다. 미래를 떠올려 보면 이렇게 제사를 줄이지 않으면 안 되는 현실적 문제의식에서 온 통일된 생각의 결과이다.

제사를 한 번으로 줄이는데 누구 1명도 반대가 없었고 우리의 일치된 줏대 없는 거수기는 단번에 통과되었다. 어머니 제사가 없어지니 형제들의 모임도 자연스레 줄어들었다. 우리의 편리를 위해 또 후손에게 짐을 떠넘기지 않기 위해서니 어쩌랴. 우리보다 다음 세대가 중요하니 대세를 따라야지 않을까?

우리 부부는 어머니께 왠지 미안하다는 생각이 들었다. 기일을 알면서도 지나치는 것이 께름칙해서 최소한의 음식을 마련하여 어머니 제사를 지내고 있다. 제사를 한 번 지내자는 그때부터 해오고 있는데, 사실 나의 의견이라기보다 아내 생각이다.

가만히 생각해 보면 아내는 나와 결혼을 할 때 아버지는 계시지 않았다. 어머니가 혼자 반야월에 계셔서 우리 부부는 거의 매주 어머니를 찾아뵈었다. 아내는 어머니를 잘 따랐고 어머니도 막내 며느리인 아내를 좋아했다.

우리가 반야월에 어머니를 뵈러 가는 주말이면 우리 집에서와 같이 아내는 늦잠을 잤다. 그러면 어머니는 자는 며느리가 깰까 봐 조용조용 부엌에서 밥을 짓고 국을 끓이고 반찬을 만들어 "야 들아, 밥 먹자." 하고 상을 들고 들어오신다. 아내는 눈곱도 떼지 않고 어머니의 밥상을 받아 밥을 맛있게 먹었다. 그 시절 그렇게 대접받은 며느리는 잘 없을 것이다.

내게는 두 분의 형수가 계시지만 시어머니에게 그런 극진한 대접을 받은 며느리는 막내며느리인 아내밖에 없을 것이다. 그런 아내이기에 아내도 어머니에게 애틋함이 있는 것 같다. 어머니의 제사를 아버지 제삿날에 같이 지내자고 했을 때, 아내는 우리 형제가 생각 못 한 반기를 들었다. 아내는 어머니 제삿날에 아버지 제사를 같이 지내는 것이 어떠냐고 했다. 그 이유도 분명했다.

아버지 제사는 횟수로 40년을 지냈다. 보통 한 세대를 30년으로 봤을 때 벌써 한 세대를 지날 정도로 제사를 지내드린 것이다. 그러니 어머니 제사를 30년은 지내드리는 것이 좋지 않겠냐는 것이다. 둘째, 아버지 제사는 음력 6월 1일로 날씨가 무척 덥다. 음식을 장만하는 사람도 더워서 힘이 든다. 부모님 제사를 한 번으로 지내는 것이면 모두가 편하고 쉬운, 시절이 좋은 때가 낫지 않겠냐는 것이다. 또 음식도 쉽게 상하기 쉬워 여간 신경이 쓰이는 것이 아니다.

많이 바뀌었다고는 하지만 아직 우리 사회는 부계 중심 사회인 가부장적인 사고를 하는 사회이다. 아니 우리 가족이 그런 사고를 고집하는 다소 보수적인 가정일 수도 있다. 모두가 가장이었고 남자였던 아버지 제사에 어머니 제사를 지내는 것이 맞는 것이라고 결론을 내렸다. 아내의 어머니인 장모님께 넌지시 여쭈어봤을 때, 장모님도 아버님 제사 때 어머님 제사를 같이 모시는 것이 맞다 하셨다. 제사를 한 번으로 묶어 같이 지낸다고 하지만 사람들의 생각은 결국 아버지 제사는 고수하겠다는 것이고 어머니 제사를 희생하겠다는 것이 아닌가 생각되었다. 그렇지 않다면 아버지 제사든 어머니 제사든 무슨 상관이 있다는 말인가.

아내는 지내지 않는 어머니 제사가 많이 아쉬웠던 모양이다. 제사 준비는 내가 돕는다고는 하지만 모두 아내의 몫이다. 처음에는 간단하게 한다고 하더니 해가 지날수록 상이 제대로 돼가는 기분이다. 고맙다고 해야 할지 극성이라고 해야 할지.

우리 부부가 결혼했을 때 아버지는 계시지 않았고, 어머니와 아내가 많은 추억과 정이 쌓여서 그런가 싶다. 어머니, 아버지 하늘에 계시면서 바쁘시더라도 오늘만큼은 저희집에 오셔서 맛난 음식과 술 한 잔을 드십시오. 아내와 둘이서 올리는 술 한 잔으로 부모님에 대한 정성만이라도 알아주시길 빌어본다.

나의 군 생활

나는 1982년에 육군에 입대하였다. 논산훈련소에서 4주간의 기초 군사훈련을 마치고 자대배치를 위해 열차를 탔다. 열차는 상행선, 위쪽으로 위쪽으로 올라갔다. 느낌이 불안했다. 대전에 도착해서는 열차 안에 있던 인원의 상당수가 호출되어 내리고 이어서 서울에서도 탑승 인원의 절반이 내렸다. 그리고 기차는 허리를 꺾어 강원도 쪽으로 향했다. 내가 어디로 가서 어디에서 내려 어느 부대로 가게 되는지 전혀 알려주지 않았고 알 수도 없었고 알려고 하지도 말아야 했다.

그렇게 기차는 강원도 쪽을 향했다. 대전이나 서울에 내린 사람은 후방으로 배치되었고, 나를 포함한 나머지 사람들은 전방으로 배치된다고 하였다. 그제야 기차 안은 술렁거리기 시작했다. 강원도 전방 부대에 배치된다는 말에 내가 전방으로 가는가 보다 아무런 생각이 없었다. 그리고 나머지 인원을 실은 열차는 춘천에 도착했다. 동부전선 전방의 최후방인 제2보충대에서 자대 배치를 기다렸다. 이후 며칠을 기다려도 나의 부름은 없었다. 같이 열차를 타고 온 장병들은 전부 다 전방사단으로 실려 가고 나만 우두커니 남았는데, 결국 나는 춘천 제2공병여단에 배속되었다.

나의 부대는 대대급으로 강원도 춘성군 화북면에 위치했다. 부대가 춘천댐 인근에 있어 수시로 댐 방어 훈련을 하기도 했다. 나는 본부중대 자재병으로 중장비와 수송차량의 임무를 맡아 비교적 편한 군 생활이 시작되었다. 기름밥을 먹는 장비병과는 군기가 세기로 유명하다. 그 이유는 사고 예방을 위해서이다. 매일 아침 점호 시간에 군기잡기가 시작되었다. 군기잡기는 너무나 혹독했다. 군기 잡히기로 시작한 나의 군 생활은 점차 그곳에 익숙해져 갔다.

입대한 지 11개월 만의 첫 휴가를 받았다. 부대에서 내 고향 반야월까지는 기나긴 여정이었다. 우선 부대에서 나서면 남춘천으로 가는 버스를 탔다. 남춘천에서 청량리 가는 열차를 타고 청량리역에 도착하면 다시 서울역까지 간다. 그리고 서울역에서 동대구역으로 가는 기차를 타고 동대구역에 도착한다. 그리고 나면 드디어 마지막 어머니가 계시는 반야월로 가는 버스에 몸을 실을 수가 있다. 지금 생각하면 상상도 할 수 없을 만큼 힘든 여정이었지만 집으로 간다는 기쁨 하나만으로 고된 줄도 몰랐다. 기상하여 아침을 먹고 출발하면 캄캄한 밤이 되어서야 집에 도착했다. 어머니는 너무 놀라고 반가워서 버선발로 뛰어나와 눈물을 흘리시며 나를 맞아주셨다.

군 생활 중 동기들이 있어 서로가 의지하며 지냈다. 원양어선을 타다 사고 쳐서 강제 입대한 P는 나보다 세 살 위에 부산 사나이였다. 강변가요제 출신 K도 부산 출신인데 나보다 한 살 어렸다. G는 깍쟁이 서울 사람으로 나보다 한 살이 많았다. 한두 살 차이로 고만고만했던 우리는 모두 철없이 군에 들어와 서로 부대끼며 철들어 갔다.

입대는 같이했어도 대학 졸업 후 입대한 G는 6개월 혜택을 받아 제일 먼저 제대했다. 나는 1984년에 군 생활을 마감했다. 제대 후 동기들과 꼭꼭 만나자고 약속했지만 이루어지지 않았다. 부산 사나이들을 찾아보러 몇 번 시도해 봤지만 쉽지 않았다.

강원도의 겨울은 추위가 매서워 새벽 경계근무 나갈 때의 추위는 살을 도려내는 듯했다. GOP 근무를 두 번 나가서 최전방의 평화로운 광경을 체험하며 우리가 처한 아이러니를 경험했다. 야간 경계근무 시 그토록 혹독한 영하의 추위가 몰아쳐도 참호에서 잠을 떨쳐내지 못하였다.

나의 군 생활은 좋았던 일, 슬펐던 일, 즐거웠던 일, 힘들었던 일 등 인간이 살아가며 겪는 온갖 감정을 비빔밥처럼 버무렸던 시간들이었다. 그중에서 아직도 기억에 남아 내 감정의 트라우마로 남아 있는 것은, 팀스프리트 훈련을 위해 횡성 남한강에 나갔다 사고로 동료를 잃었던 일이다. 세월이 지나도 잊혀지지 않는 안타까운 일이었다.

　참으로 비장했던 유격훈련, 휴일 외출을 받아 춘천시내 닭갈비 골목에서 동기들과 한잔하던 일, 혹독한 추위를 견뎌보려고 독하다는 강원도 명월소주를 꽐꽐 목구멍으로 털어 넣다시피 했던 일, 혼자 계시는 어머니에 대한 걱정들, 지나고 보니 아련한 추억의 한 장면으로 남았다. 그렇게 국방부의 시계는 돌아가고 있었다. 말년이 되니 몸은 편해졌는데 쉽게 잠들지 못하는 날이 많아졌다. 이제 다가올 현실적인 문제들이 나를 엄습했다. 제대 후 무엇을 해야 하나?

　뒤돌아보니 군 생활을 마친 지도 어언 40년이 다 되어가지만 아직도 생생하게 기억에 남아 있다. 다른 사람은 어떻게 생각할지 모르겠지만 나에게 군 복무 기간은 어설프고 부족하고 약했던 스무 살의 나를, 그 어떤 바람이 불어도 유연하게 견뎌낼 수 있게 정신적으로 육체적으로 강하고 단단하게 만들어 준 소중한 시간이었다.

오랜만에 불러본다, 용환아!

우리 둘은 옆 동네 친구로 초등학교, 중학교를 같이 다니고 20대 중반까지 참으로 많이 어울렸었지. 아침에 눈만 뜨면 너희 집으로 달려가서 너의 방에서 팝송을 듣고 실없는 얘기 지껄이며 라면 끓여 먹고, 저녁이 되어 너희 부모님 오시기 전에 탈출(?)하곤 했지. 무슨 특별한 일이 없는데도 매일 만났으니 남남 애인 사이도 아닌데 말이야. 나만 너희 집으로 간 건 아니고 너도 부지런히 우리 집으로 놀러 왔으니 피장파장이다.

어느 날 우스운 일이 있었지. 네가 대구 시내에서 사귀는 아가씨와 데이트 약속이 있다며 일찌감치 우리 집으로 쳐들어와서 나의 책꽂이에 꽂혀 있던 영어교재를 옆구리에 끼고 나갔지. 그 뒷모습을 보면서 한참을 웃었다. 위장술 같기도 하고 변장술 같기도 해서. 그렇게 정성을 들여 치장하며 데이트를 하더니 어느 날 헤어졌다고 하더군. 혹시나 그 영어책 때문은 아니겠지.

우리는 군 복무 때에는 어쩔 수 없이 볼 수 없었지만, 제대 후에는 다시 반갑게 재회하였고 실업자인 우리는 다시 예전과 같은 백수 생활로 되돌아왔지. 그러다 내가 먼저 직장을 구해 포항으로 갔고 너는 울산 H 자동차에 입사했었지. 그때 우리 둘 다 신입사원으로 열심히 회사에 적응하던 중이었는데 너는 경남 언양의 S 사로 이직하였다고 전해왔었지. 당시로는 국내 최고의 회사에 이직하였다니 대단하다고 축하도 했고 포항에서 언양까지 멀지 않은 곳이라 조만간 만나자고 약속했지.

정말 보고 싶었고 소주 한잔하고 싶었다. 그런데 서로가 연락 후 얼마 지나지 않아 고향 친구로부터 청천벽력 같은 소식이 날아왔어. 그렇게 누구보다도 착하고 성실한 네가 회사에서 근무 중 사고를 당하다니. 나로서는 정말 믿을 수가 없었어. 더욱이 너는 집안의 맏이이기도 해서 부모님의 상심은 어땠을까? 장례를 치른 후 얼마의 시간이 흘러 나는 너의 부모님께 인사 갔지. 아마도 명절쯤이었던 것 같네. 부모님은 나를 엄청 반기셨어. 마치 당신들의 아들인 용환이 네가 온 것처럼. 그때 너의 어머니께서 하신 말씀이 아직도 생생하네. 맏아들이 대문을 열고 들어오지 싶어 매일 문을 활짝 열어놓고 있다고.

용환이 자네가 세상을 등진지도 오랜 세월이 흘렀네. 이제 자네는 하늘나라에서도 고참(?)이 되었겠지. 어떻게 지내슈? 오늘 자네가 너무 보고 싶네. 자네와 나의 추억을 글로 쓰기에는 끝도 없지만 막상 자네 이름을 용환아! 하고 자네 이름을 부르면 가슴만 먹먹해지네.

내 친구 용환아!
나도 이제 회사를 정년퇴직했네. 시간적 여유가 생기고 이곳저곳 여행도 다니고 내가 좋아하는 운동하면서 백수로 재미나게 나이 먹어가고 있네. 자네가 내 옆에 있었다면 얼마나 좋았겠는가? 같이 여행도 다니고 운동도 하고 맛있는 것도 먹으러 다니고 있겠지. 오늘 자네가 사무치게 그립네. 자네가 나를 만나러 올 수 없으니 내가 자네를 만나러 갈 수밖에 없지. 언젠가는 만나겠지. 우리 만나면 예전처럼 스콜피온스 들으며 소주 한잔하세. 그때까지 잘 지내게.

그리운 이름 내 친구 용환아!

존경합니다, 나의 누님들

나에게는 누님이 두 분 계신다. 한 분은 서울에 한 분은 대구에 계시는데 이제는 두 분 다 일흔을 넘기셨다. 누님과 남동생의 관계는 어느 집이나 비슷하겠지만, 서로의 걱정과 안부, 그리고 집안 대소사에 대해서 정이 넘치게 의논하는 관계다. 나는 일주일에 한 번 정도 누님들과 통화를 한다. 조카들 이야기, 매형의 건강 이야기 그리고 주변에서 일어나는 재미나는 이야기를 주고받으며 시간 가는 줄 모른다.

서울의 큰 누님은 내 마음이 항상 애잔했다. 인물이 좋았던 누님은 부잣집으로 시집을 갔다. 그러나 뜻하지 않은 일로 가세가 기울어져 고향을 떠나 서울로 올라갔다. 누님 부부는 여러 사업을 하면서 고생을 많이 했다. 누님의 자식은 여섯인데, 자라면서 1명도 말썽 피우는 자식 없이 하나같이 똑똑하고 착하고 반듯하게 잘 자랐다.

요즘 부모들의 고민은 자식들이 직장을 못 구해 고민이고 결혼을 못 해 고민이다. 누님 부부의 6명의 자식은 모두 좋은 직장에 들어갔고, 모두 좋은 짝을 만나 결혼했다. 기를 때의 그 힘듦을 말로 표현할 수 없을 것이다. 내 경우만 보더라도 하나밖에 없는 자식 기르는 것도 힘에 부칠 때가 많았다.

얼마 전 만난 큰 누님 부부는 참 행복해 보였다. 6명의 자식들은 자신들로 인해 고생한 부모님의 은혜를 잊지 않고 매달 용돈을 보낸다. 또 부모님이 어디 여행을 간다고 하면, 패션 감각이 뛰어난 누님의 딸들이 같이 가는 사람들보다 돋보이게, 여행에 어울리는 옷과 신발, 모자들이 배달되어 온단다.

누님 부부가 어디 출타를 했다가 늦게 들어오게 되면 도착하는 시간에 맞추어 맛난 저녁이 집으로 딱 배달되어 온다는 것이다. 요즘 세상에 이런 자식들이 어디 있을까? 자신이 처한 상황에서 나쁜 마음 품지 않고 착하고 선하게 살아온 누님 부부가 말년에

복을 받는 것 같아 나는 더불어 행복하다. 매형과 누님에게 진심으로 존경한다고 전하고 싶다.

 나의 작은 누님은 대구에 계신다. 누님은 누구보다도 나를 잘 이해해 주는 마음 따뜻한 분이다. 큰 누님도 그렇지만 작은 누님도 젊었을 적 그 미모가 빼어났다. 매형은 예쁜 작은 누님과 결혼하기 위해 많은 공을 들였다. 누님은 사업을 하는 매형과 결혼하여 아들 둘을 낳아 매형과 시부모님의 사랑을 많이 받고 살고 있다. 그런 작은 누님은 성격이 어질고 인정이 많으며 옳고 거른 것을 분명하게 말하는 정의로운 분이다.

 나는 어머니가 계실 때는 모든 것을 어머니와 의논했다. 그러나 어머님이 돌아가시고 난 이후에는, 나는 중요한 일을 결정해야 할 일이 생기거나 걱정거리가 있을 때 작은 누님에게 전화를 돌린다. 그러면 누님은 내가 잘못된 부분이 있으면 옳은 길을 알려주고 잘한 것은 칭찬해 주며 나의 기를 살려준다. 언제나 나의 길잡이가 되어준다.

 나의 아내는 자신이 존경하는 사람은 자신이 하지 못했던 일을 한 사람과 자신이 절대 하지 못할 일을 한 사람이라고 입버릇처럼 말한다. 그러면서 자신의 주변에서 가장 존경하는 사람은 작은 누님이라고 했다. 그 이유는 시부모님을 진심으로 공경하고 결혼한 그 순간부터 돌아가시는 순간까지 잘 모신 분이기 때문이라고 했다.

　어른을 모시는 일은 결코 쉽지 않은 일이다. 더욱이 잘 모시는 일은 더더욱 쉽지 않다. 작은 누님의 시어머님은 돌아가시면서 작은 누님에게 고맙다고 했다고 한다. 나의 작은 누님은 주변 사람들에게도 두루두루 참 잘한다. 사람들은 여유가 있어도 베푸는 것에 인색하다. 나의 작은 누님은 마음뿐만이 아니라 물질적으로도 다른 사람에게 잘 베푸는 넉넉한 마음을 가지고 있다.

　두 분의 누님이 있어 나는 항상 든든하다. 누님들 언제나 파이팅!

2 장

포스코와 인연을 맺다

1985년 11월 12일, 나는 포항제철에서 첫 직장생활을 시작했다. 지금으로부터 39년 전 그날을 아직도 생생히 기억하고 있다. 모든 걸 다 얻은 것만 같은 기쁜 마음으로 포항으로 왔다. 젊은 시절 무엇을 하며 먹고살 것인지에 대해 많이 고민했고, 쉽지 않은 취업에 또 많이 좌절했다. 어렵고 힘든 시간을 보내면서 마침내 포항제철 공채에 합격했다.

지금도 그렇지만 급한 성격은 그때도 마찬가지여서 조급한 마음에 합격 통지일이 되기 전에 인사부서에 합격 여부를 전화로 물었다. 그때 내 전화를 받은 여직원의 "합격입니다!"라는 말은 내 생애 잊지 못할 아름다웠던 목소리 중 하나로 기억되고 있다. 합격이라는 그 말을 듣는 순간 현기증이 날 정도로 황홀한 기분이었다. 당연히 제일 먼저 어머니께 말씀드렸다. 지금도 생생한 그 모습, 어머니는 나보다 더 좋아하셨다.

연수원에 입소하여 4주간 신입사원 교육을 시작으로 나의 직장생활은 시작되었다. 교육이 끝나고 부서가 배치되었다. 그 후 생활은 나의 기대와 달리 어려운 난관 극복의 연속이었다. 타향살이에 대한 부적응과 회사생활에 대한 불만족이 겹쳐 머릿속엔 늘 퇴사를 생각했었다. 그 당시 나를 지탱해 준 것은 오로지 고생하시는 어머니였다. 어머니를 생각하며 하루하루를 견뎌 나갔다.

군대와 같은 제복과 군화, 획일화된 직장 내 분위기가 나와는 전혀 어울리지 않는다고 생각했다. 직원들의 통근수단은 대부분 오토바이와 자전거였는데 그것 또한 내가 보기에는 우습고 어색했다. 그렇게 시작된 첫 직장생활은 순조롭지 못한 상황에서 하루하루를 힘들게 버틴다는 심정이었으므로 스스로 생각할 때 꼴이 말이 아니었다.

버티듯이 재미없는 세월의 시계가 돌아가고 있는 기분이었다. 그런 시간을 보내며 아내를 만나 결혼했고 소중한 아이가 태어났고 나는 한 가정의 가장이 되어 그 무게를 견뎌내며 포항제철이라는 회사에 최적화된 나를 만들어 갔다. 그렇게 내 인생의 절반을 이곳에서 보냈다.

이제는 하나뿐인 자식이 얼마 전 결혼했고 그래서 듬직한 사위도 얻었기에, 이곳은 나에게 힘들고 버티기 어려운 곳에서 가장 자연스럽고 친근하고 익숙한 곳이 되었다. 축복의 땅이라고 생각까지 들게 되었다. 뒤돌아보면 긴 세월 동안 참 많은 일이 있었고 가장의 의미가 어떤 위치인지 행복의 원천은 어디에서 오는지를 알게 되었다.

신입사원

포스코에 입사 후 신입사원 교육을 받았다. 처음으로 입어보는 황색 근무복, 황색 모자, 발목까지 올라오는 안전화를 신고 어색하게 신입사원들은 움직였다. 제철산업에 대한 4주간의 기초 교육을 마치고 신입사원이 거주할 수 있는 대규모 주거시설에 들어갔는데 객지에서 온 사람들은 따로 거주할 곳을 마련하지 않아도 되었으니 이것만으로도 굉장한 혜택이었다.

 무엇보다 더 중요한 건 구내식당이 있어 끼니도 해결할 수 있었다. 아침을 먹고 점심 도시락을 싸서 출근했다. 저녁에 퇴근하여 이용하니 하루 3끼를 1년 365일 구내식당에서 해결하였다. 식대는 직원 복지식당이라 싸게 운영되었고 회사에서 비용을 많이 보조해 주어 사원들에게 양질의 식사를 제공했다.

 그곳 독신료는 여러 개 건물에 수백 명이 거주하였다. 나는 지정된 건물 2층에 배정받았다. 1개 호실에 4명 정원으로 이미 먼저 입사한 3명이 거주하고 있었다. 내가 맨 나중에 합류했다.

 방의 내부 구조는 벽면 양쪽에 철제 2층 침대가 있고, 책상이 4개, 각각 사용할 수 있는 철재 캐비닛 4개가 전부였다. 2층 침대도 방에 먼저 입실한 순서로 편한 1층을 먼저 사용하는 규율이 묵시적으로 있어 나는 맨 꼴찌로 들어왔기 때문에 2층 침대를 사용하여야 했다. 2층으로 올라가려면 사다리를 밟고 올라가야 해서 1층 사람은 침대가 흔들거려 잠이 깨기도 했다.

 우리 호실의 룸메이트들은 모두 성격이 온순하고 부지런하여 빨래도 제때 미루지 않고 처리하였고 내부 청소는 따로 청소하시는 아주머니께서 해주었다. 요즘에는 상상도 할 수 없는 시절이었다. 우리는 퇴근해서 방으로 들어오면 이야기도 많이 하며 정을 쌓았다. 이후에 1명은 자신이 가고 싶은 직장이 따로 있어 열심히 공부해 이직하였다. 나를 포함한 3명은 포항에서 뿌리를 내리고 지금도 살고 있다.

 나는 포스코에서 정년까지 마쳤다. 나머지 2명은 일찍이 퇴사해 창업했고 지금도 가끔 골프장에서 만나면 너무나 반갑다. 그들은 창업에 성공한 케이스다. 1명은 전기 분야, 1명은 사무자동화 방면으로 성공하여 나는 항상 그들이 부럽다. 예전의 젊고 참신했던 청년에서 풍채 좋은 사장님으로 변신한 두 사람을 보면 젊은 날이 생각나 감회가 새롭다.

 나는 3년의 독신생활을 끝으로 결혼을 하면서 숙소를 나왔다. 그동안 사용하던 침구는 버리고 크로마하프와 전축 달랑 2개만 들고나왔다. 그리고 같은 방 동료들의 환송과 부러움을 한 몸에 받으며 퇴소한 것이다. 지금도 독신료 옆 도로를 지날 때면 자전거를 타고 출퇴근하던 시절이 생각난다. 도시락 가방을 목에 두르고 참 많이 방황하던 젊은 그 시절이 아련하다.

구내식당의 추억

젊은 청춘들이 거주하는 독신자 숙소를 그 당시 우리는 독신료라 불렀다. 독신료 생활은 회사로의 출근과 퇴근을 반복하며 구내식당에서 식사하고 숙소에 들어가는 평범한 일상의 연속이었다. 특히 포스코는 창업 초기부터 창업자가 직원의 복리후생을 우선으로 집중투자를 하는 경영이념으로 직원의 급여보다는 주택이나 장학금 등에 많은 지원을 했다.

독신료 내에 구내식당은 좌석이 700여 석으로 1년 365일 하루 3끼를 제공했다. 명절에도 쉬는 날 없이 운영했다. 그 이유는 제철소의 핵심 시설인 용광로는 잠시도 불을 끌 수가 없고 용광로에서 쇳물이 나오면 후공정도 끊임없이 가동되었다. 우리나라 철강 산업을 책임지고 있는 직원은 3교대로 365일 쉬지 않고 교대근무 하였고, 그 직원들에게 식사를 제공해야 하기 때문이다.

지금도 구내식당은 40여 년이 되었지만 같은 장소에서 건물을 리모델링하여 하루도 쉬지 않고 운영 중이다. 그만큼 식당에 종사하는 직원도 공장에서 근무하는 직원들에 못지않게 고충이 심하다. 그들은 새벽 3시 30분에 출근하여 아침밥을 짓고 배식을 준비해서 직원들의 아침 식사가 5시 30분에 시작할 수 있도록 했다.

나는 아침을 먹고 점심용 도시락을 싸서 가방에 넣어 현장으로 출근했다. 저녁 퇴근 후에도 구내식당에서 해결하였으므로 하루 3끼를 알뜰하게 이용했다. 식사하기 위해서는 식권을 구입해야 했는데, 매월 월급날에 한 달 치 식권을 미리 사두고 아끼며 사용했다. 이는 생활비는 모자라도 식권이 없으면 밥을 굶어야 하기에, 그때나 지금이나 밥이 중요했던 나는 식권만큼은 철저히 챙겼다.

끼니가 무엇보다 중요했던 나는 월급이 나오면 식권을 사두어 문제가 없었다. 그러나 식권을 미리 준비하지 못하고 소비가 심한 직원은 식권이 없어 식당 뒷문으로 들어가 배고픔을 달래는 웃지 못할 일도 있었다. 사실 식당 지배인도 이 사실을 알면서도 그 시절 모르는 척 넘어가 주는 센스가 있었다.

매일 영양사가 균형 잡힌 식단을 짜서 제공하여 웬만한 집에서 먹는 수준 이상으로 질이 좋았다. 그래서 몇 년 전까지만 해도 직원이 아닌 외부 일반인에게도 평판이 좋아 많이 이용했다. 밥과 국은 주방에서 일일이 나눠 주었다. 반찬은 본인이 직접 식판에 담아 먹었기에 젊은 시절에 양껏 수북이 담아 먹었고 늘 배가 불렀던 기억이 난다. 식당 여사님들은 땀을 뻘뻘 흘리시며 음식을 준비해 주셨고, 배식 때는 언제나 많이 먹으라고 늘 따뜻하게 말씀해 주셨다.

훗날, 나의 청춘의 허기를 채우던 따뜻한 구내식당! 내가 이런 젊은 날의 행복한 추억이 깃든 구내식당을 관리하는 부서에 발령을 받아 올 줄 어떻게 알았으랴!

오토바이의 추억

제철산업은 일명 장치산업이라고 해서 설비가 중후장대하고 생산 공정도 다양해서 규모가 엄청나며 포항만 해도 면적이 270만 평에 이른다. 그러다 보니 이렇게 넓은 지역을 출퇴근할 때는 쉬운 이동수단이 필요할 수밖에 없었다. 내가 입사한 36년 전에도 출퇴근용 통근버스가 있었다. 그러나 오토바이나 자전거를 이용하는 직원이 많았다. 이는 시간에 맞춰 운행하는 버스를 이용하지 않고 편리한 시간대에 출퇴근을 자유롭게 할 수 있기 때문이었다.

나는 입사해 한동안 독신료에서 버스를 타고 다니고 있었다. 그런데 부서 내 여러 사람이 오토바이를 이용하고 있어 젊은 혈기에 호기심이 일었다. 그래서 오토바이를 한 번도 타보지 않았으면서 덜렁 한 대를 사버렸다. 당시 포항에서는 포스코 직원의 오토바이 수요가 많아 판매점이 여러 군데 있었다. 이미 오토바이로 출퇴근하고 있는 선배의 소개로 단번에 '팔팔 오토바이'를 사는 사고 아닌 사고를 친 것이다. 그리고 나도 당당하게 오토바이 행렬에 나서 출퇴근을 했다.

처음에는 안전하게 출퇴근만 하리라 결심했다. 그러나 젊음이라는 것이 피가 끓고 있는데 그것이 잘 되었겠는가? 차츰 그 결심은 무너지고 야간이나 휴일에 열심히 종횡무진 불빛이 반짝이는 시내의 거리를 달리기 시작했다. 내가 산 '팔팔 오토바이'는 배기량이 가장 낮아 속도도 고속으로 달릴 수 없는 말 그대로 단거리용이다. 그럼에도 퇴근 후 속도를 즐기며 달리기도 하고 지금은 꿈도 꿀 수 없는 일이지만 회식에도 타고 가는 등 점차 대담해지기 시작했다.

급기야 내가 오토바이를 샀다는 사실을 반야월 고향의 어머니 귀에까지 들어가고 말았다. 어느 날 어머니로부터 전화가 왔다. 자식을 객지에 내보낸 어머니, 눈에 넣어도 안 아플 막내아들이 오토바이를 탄다는 사실에 어머니는 많이 놀라셨던 것 같다. 그때 어머니의 말씀이 다 기억나지는 않는다. 어머니의 말씀은 길었다. 그러나 결론은 '오토바이는 너무 위험하니 하루빨리 팔아라! 오토바이를 팔기 전에는 나를 볼 생각을 말아라!'였다. 오토바이에 흠뻑 빠져 있던 나는 조심해서 타겠노라고 했지만, 어머니는 아주 강경했다. 효자(?)인 나는 결국 어머니 말씀을 거역할 수 없어 울며 겨자 먹기로 그 스피드의 아쉬움을 뒤로하고 산 지

얼마 되지 않은 오토바이를 손해를 보고 팔았다.

몇 개월에 걸쳐 신나게 달려본 오토바이의 짜릿함을 추억으로 남기고 이후로 두 번 다시 오토바이를 타볼 기회가 없었다. 그런데 얼마 전 TV에서 요리 연구가 신계숙 교수님이 폼 잡고 멋지게 오토바이를 달리는 모습을 보고 또다시 피가 끓는 것 같았다. 그래서 오토바이를 다시 타볼까 했다. 그러나 나는 다시 주저앉고 말았다. 이제는 어머니보다 무서운 아내가 도끼눈을 뜨고 나를 바라보고 있다.

단칸방 월세살이

독신료에 거주할 수 있는 기간은 3년이었다. 그래서 포항 시내에 거주할 곳을 찾다가 주인과 함께 사는 아파트에 월세방을 얻었다. 직장생활 3년을 했으나 당시 급여가 많지도 않았고 더욱이 어머니께 생활비를 보내야 했기에 목돈도 없었을 뿐만 아니라 빠듯한 생활이었다. 그나마 상여금이 자주 나와 조금씩 저축을 하긴 했으나 돈은 늘 부족했다.

언감생심 집을 사거나 전세를 얻을 처지가 되지 않았다. 그래서 가장 싼 월세 단칸방을 찾던 중, 18평 아파트로 방이 2개이고 조그만 거실과 화장실이 딸린 주인 가족과 같이 사는 방 하나를 월 오만 원에 얻었다. 독신료에서 쓰던 이부자리와 간단한 생필품만 갖고 들어갔다. 식사와 도시락은 인근 식육식당에서 월 식사를 하게 되었다.

 독신료에서 편하게 생활하던 때와는 완전 딴판으로 돈도 많이 들었다. 무엇보다 좁은 집에서 주인 부부와 아이 2명, 나까지 5명이 지내니 불편한 생활이 시작되었다. 지금은 상상도 할 수 없는 일이지만 그때를 돌이켜 생각해 보면, 나도 나지만 주인 부부도 오죽하면 방 1개를 내어주었을까 싶다.

 주인 부부는 정말 다정다감한 사람들이었다. 주인집 아이들은 내 방에 자주 들어와서 같이 공부도 하고 소풍 갈 때면 용돈도 주고 옆방 삼촌 역할을 했다. 그러나 남과 같이 산다는 것은 여간 불편한 것이 아니었다. 단적인 예로 아침에 화장실을 쓰기에도 눈치를 보게 되어 생리현상은 주로 회사에 가서 해결할 정도였다.

 나는 통근버스를 이용하여 아침에 출근하면 저녁 식사 후 귀가하는 반복된 생활을 했다. 되도록 귀가를 늦추어 좁은 공간에서 최대한 부딪히지 않도록 했다. 토요일과 휴일에는 좁은 집에 하루 종일 있기가 불편하여 어머니가 계시는 반야월 집에 가서 일요일 저녁 늦게 돌아왔다. 퇴근 후에는 일찍 집에 들어가는 게 싫어서 약속을 잡아 늦게 귀가하는 날이 많았다.

돈도 더 들어가고 생활도 많이 불편해서 다시 독신료를 들어갈 방법을 찾던 중, 1년이 지나고 독신료 수용인원에 여유가 생겨 다시 짐을 싸서 독신료로 컴백했다. 참으로 행운이었다. 그리고 예전처럼 편한 생활을 하다가 결혼과 동시에 다시 나오면서 총각 생활은 마침표를 찍었다.

누가 눈치를 준 것도 아닌데 젊은 시절, 스스로 눈치 아닌 눈치를 보며 1년을 살았다. 지금은 원룸이나 오피스텔 같은 것이 많이 생겨 젊은 신입직원들을 보면 부럽기도 하다. 아직도 독신료는 있다. 그러나 그 시절만치 인기가 있지는 않다. 혼자 살 수 있는 편리하고 좋은 집들이 많아졌다.

월 식사하던 식육식당 아주머니는 월급날 식대 오만 원을 주면 특별식으로 삼겹살을 구워 주었다. 그것이 지금도 한 번씩 생각날 만큼 맛났다. 내 젊은 날의 그리운 사람들이다. 주인집 아저씨, 아주머니, 식육식당 아주머니! 아직도 건강하시죠?

JH 형님 잘 계시죠?

포스코 현장에 근무할 때 같은 부서에 JH 형님이 계셨다. 조그마한 키에 얼굴이 동안이었고 나보다 일곱 살 많은 서울 출신의 성 많은 형님이다. 나는 신입사원으로 모든 것에 모르는 것이 많고 서툴렀다. 그런 나에게 형님은 항상 조언과 기술지도를 해주고 어려울 때는 형님을 찾아서 문제를 해결하였다. 한마디로 나의 직장 멘토이고 퇴근 후에도 같이 어울리며 술 한잔을 나누는 형님이었다.

형님은 딸 1명을 키웠는데 나와 같은 딸 바보 아빠로 닮은 점도 많았다. 나는 형님을 따랐고 형님도 나를 친동생처럼 회사에서도 바깥에서도 한결같았다. 형님은 오래된 구형 오토바이를 타고 다녔다. 오토바이는 자주 말썽을 부려 엔진이 꺼지는 불상사가 나기도 했다. 그때마다 형님은 능숙한 솜씨로 단번에 고쳐 다시 붕붕거리며 달렸다.

형님은 모든 사람에게 싫은 내색을 못 하는 선천적으로 착한 사람이었고 매일 술을 마셔야 하는 습관이 있어 아침 출근 때에는 술 냄새가 풀풀 나서 '어제 또 한잔하셨구나.' 하는 날이 많았다.

나는 결혼을 하게 되었다고 알렸고 형님은 결혼 당일 커다란 카메라를 메고 예식장에 나타나서 이곳저곳을 누비며 열심히 셔터를 눌렀다. 심지어 결혼식을 마친 후 친구들의 피로연까지 와서 기념사진을 찍어주는 수고를 하셨다. 사실 그 당시에는 대형 렌즈 카메라가 귀하던 때인데 형님은 기계를 수집하고 다루는 기술이 남달랐다.

세월이 흘러 형님은 현장에 계시며 정년퇴직을 하셨다. 나는 3년 후 부서를 옮겨 형님과 만남이 뜸해졌다. 그래도 가끔 만나질 때는 반가워하며 안부를 묻곤 했다. 나이가 들어가면서 옛일을 자주 떠올리게 되고 그러면 그 기억 속에서 늘 형님의 얼굴이 내 머릿속에 있다.

내가 많이 의지했고 어려운 일이 생기면 많이 의논했고 언제나 내 이야기를 잘 들어주셨던 분, 내 결혼식에 와서 처음부터 끝까지 셔터를 눌러 나의 기록을 남겨주신 분. 요즘도 생각이 많아지는 날이면 그 형님에게 달려가 마구 말을 쏟아내고 싶다. 퇴직하고 시간이 생기니 그리운 얼굴 중에 떠오르는 사람이다.

형님, 저랑 술 한잔하시지요.

광양에서의 생활

___

나는 포항에 직장을 잡고 이곳을 떠난 적이 없다. 직장생활 30년 만에 전라남도 광양으로 전근 가게 되었다. 내가 소속된 부서는 포스코그룹 산하의 계열사로 포항과 광양 2개 지역에 사업부를 두었고 광양에 부서장이 공석이어서 내가 그쪽으로 가게 되었다. 오랜 기간 포항에서만 생활하여 타 지역으로 간다고 했을 때 많은 생각이 들었다. 솔직히 이제는 나이가 들어 밀려나는 것인가라는 생각이 들기까지 했다.

더욱이 아내 혼자 두고 간다는 게 영 마음이 놓이지 않았다. 나의 아내는 늘 그렇지만 힘든 상황이 되면 나를 위로해 주고 적극적으로 응원해 주고 긍정적인 생각을 하게 한다. 그러면서 선물한 책이 정약용의 『유배지에서 온 편지』였다. 참 못 말리는 나의 아내다. 한곳에 오래 있으면서 매너리즘에 빠질 수도 있고 더욱 중요한 것은 광양근무로 나의 업무 역량을 레벨업시킬 수 있는 찬스가 될 수도 있겠다. 모든 것을 좋게 생각하기로 했다.

내가 거처를 잡은 곳은 동광양시 중마동으로 제일 번화한 지역이다. 주변에 식당들이 많아서 근로자들이 주로 회식을 많이 하는 곳이다. 전에도 광양은 업무차 출장을 자주 가서 직원들은 대부분 잘 아는 사이였고 업무도 포항과 유사하여 어려움은 없었다.

처음으로 직원들과 술 한잔을 하기 위해 직원들이 이끄는 장소인 중마시장 회센터를 찾았다. 촘촘히 들어선 좁은 시장에 사람들이 어깨를 부딪치며 술잔을 들이킨다. 우리 일행도 맨 끝의 고흥 횟집에 자리를 잡았고 한 직원이 사장님에게 포항에서 오신 누구라고 소개해 주었다. 그러자 사장님은 "포항 총각이 오셨냐?"고 너스레를 떨며 반갑게 맞아주시는데, 남도 사람의 위트와 털털함에 마음이 편안해졌다. 장부다운 컬컬함과 한 덩치 하는 사장님은 덤으로 전어회를 듬뿍 얹어 주었다. 포항의 전어는 가을에 나온다. 그러나 광양은 초여름이 제철이란다. 사장님의 호쾌한 농담에 내심 단골집으로 정하고 광양에서의 재미난 생활이 시작되었다.

광양에서의 1년은 나에게는 잊지 못할 추억을 많이 남겼다. 휴일에는 아내가 4시간의 버스를 타고 1주도 빠짐없이 왔다. 아내가 오지 않을 때는 내가 포항으로 갔다. 우리 부부는 주말부부의 절절함을 한껏 느끼며 의리(?)가 더 돈독해졌다. 말이 4시간이지 두 군데 지역을 경유해서 오기 때문에 허리도 시원치 않은 사람이 힘들기도 하고 도착하면 파김치가 되기 일쑤였다. 그래서 힘드니 오지 말라고 해도 참말인지 거짓말인지 버스 타는 게 재미가 있다며 매주 왔다.

광양에서의 1년은 광양 주변 도시와 명승지, 사찰 등을 여행했다. 우리는 인근 순천과 여수, 고흥, 강진, 완도까지 돌아다니며,

남도의 멋있는 것을 보고 맛있는 음식을 열심히 먹었다. 특히 강진 마량항의 일몰은 너무나 아름다웠다. 또 가우도섬 일주가 포항에서는 경험할 수 없는 특별한 기억이다. 백운산의 울창한 편백 나무들이 뿜어내는 맑은 공기, 여수의 아름다운 밤바다, 낙안읍성의 고즈넉한 정취는 언제라도 다시 달려가고 싶은 충동을 느낄 만큼 매력적이다. 여수와 광양을 잇는 2.2km 이순신대교의 위용과 대교 너머 전망대에서 펼쳐지는 광양제철소의 웅장한 스케일을 바라보면서 포스코인으로서 자부심으로 가슴을 활짝 펴기도 했다. 광양의 자랑인 석쇠에 구운 장어구이와 대표 음식인 광양불고기, 여름이면 중마동에 드리운 고소한 향기의 전어구이, 온통 그리움으로 남아 있다.

그리고 1년간의 광양근무를 마치고 포항 집으로 돌아오는 길에서 우리 부부는 처음 갈 때와는 달리 많은 부분이 아쉬웠다. 남도는 여행하기 참 좋은 곳이다.

꿀 파는 할머니

광양에서는 퇴근 후에도 적적하고 숙소에 가서도 딱히 기다려주는 사람이 없으니 일찍 들어가 지지가 않았다. 퇴근해서 불 꺼진 방에 들어오면 쓸쓸한 생각이 들고, 대화 상대가 없다 보니 TV가 가장 친한 친구이고, 그러다 바로 잠이 들고, 출근하는 패턴의 연속이었다. 나의 그런 사정을 아는지 직장동료들이 나를 위한답시고 퇴근 후에 술자리를 억지로 만드는 일이 잦았다. 나도 싫지는 않아서 거의 매일 술잔을 기울이며 어울렸다.

광양은 동광양시와 광영읍 그리고 광양읍을 통틀어 칭하는데 인구가 15만 남짓 작은 도시이다. 술집들이 밀집한 중마동에서 술집을 찾다 보면 직장동료들을 주점이나 길에서 자주 만나게 된다. 어떤 때에는 밤에 몇 번씩 만나게 되어 서로 웃음을 참지 못하고 웃곤 한다. 나는 객지에서 술자리가 잦을지언정 행동에 조심해야 한다는 아내의 당부를 생각하며 경각심을 갖고 일정 정도가 되면 슬그머니 빠져나와 귀가했다.

어느 날 출근을 하고서 전날 과음으로 속이 더부룩하게 불편하여 점심으로 뜨끈한 국밥이 먹고 싶어 혼자서 중마터미널 근처로 갔다. 가끔씩 국밥이 먹고 싶으면 가던 곳으로 이름도 정감이 가는 '왕창국밥'이다. 국물이 얼큰하고 진하게 우려내어 맛이 좋았다.

그날도 전날의 숙취를 해소하기 위해 한쪽에 자리를 잡고 돼지국밥을 먹는 중이었다. 식당 문을 열고 들어오는 할머니를 보았다. 좀 남루한 옷차림에 손에 무언가를 들고 있었다. 그런데 할머니는 식사하는 테이블을 돌며 손님들과 무언가 얘기를 하신다.

무얼 팔려고 하는 것 같은데 손님들이 외면하는 듯했다. 그리고 내가 있는 자리까지 오신 할머니는 탁자 위에 무언가를 얹어놓으셨다. 가만히 보니 꿀통이었다. 그걸 사달라고 했다. 전부 팔아야 남편인 할아버지 병원비를 댈 수 있다며 통 사정하셨다. 할아버지 병원비라는 말에 가슴이 더욱 찡해서 이만 원에 한 통을 샀다. 그리고 돼지국밥집에 오셨으니 식사라도 하시라고 하고서 밥 한 끼를 대접했다.

그리고 나는 식사를 마친 후 시간이 바빠 할머니께 식사하고 가시라고 인사를 하니, 연신 고맙다며 허리를 굽히고 절을 하셨다. 회사로 돌아오는 길에 전날 밤 숙취로 머리는 무겁지만, 마음은 좋았다. 비록 꿀은 한 통밖에 사 드리지 못했지만, 할아버지의 건강이 좋아지시길 소망해 본다. 그때 산 꿀은 광양에 있는 동안 술을 먹고 온 다음 날 시원한 물에 두 숟갈씩 타서 마셨다. 꿀물을 마실 때마다 남편을 위해 꿀을 팔러 다니던 할머니를 생각했다. 작은 키에 왜소하고 목소리는 들리지 않을 정도로 작았던 할머니! 이후로도 나는 왕창국밥을 자주 갔다. 그러나 할머니는 볼 수 없었다.

어처구니없는 실수

───

어처구니, 맷돌을 돌릴 때 손잡이가 없다면 얼마나 황당한 일인가? 광양근무 중 일어난 정말 어처구니없는 황당한 일이 있었다. 우리 부서에 근무하는 건실한 청년 직원이 결혼하게 되었다고 청첩장을 들고 사무실로 찾아왔다. 나는 축하의 말과 함께 결혼일이 다른 일정과 겹쳐서 참석은 못 하겠노라고 미안하다고 전했다. 직원의 결혼식 전날이 되어 나의 축의금 봉투를 참석하는 직원에게 전해주었다.

얼마 후, 직원이 신혼여행에서 돌아와 출근해 나를 찾아왔다. 뭔가 할 말이 있는데 머뭇거리고 있었다. 자꾸 직원이 부자연스러운 행동을 보여서 무슨 일이냐고 물었다. 그랬더니 그 직원은 축의금 봉투에 나의 이름은 적혀 있는데 봉투 속에 축의금이 들어 있지 않은 빈 봉투였다는 것이다.

이런! 하고 직원을 앞혀 놓고서 곰곰이 생각을 되돌려 보니 다른 일에 신경을 쓰다 봉투에 축의금을 넣지 않고 봉인해 버린 것이 생각났다. 그 순간 얼굴이 화끈거리고 쥐구멍에 숨고 싶은 심정이었다. 나는 직원에게 거듭 미안하다고 실수를 했다고 사과하고 봉투에 축의금을 넣어 다시 전달했다.

어처구니없는 일이었다. 아무리 실수라고 해도 너무나 민망했다. 그 직원은 이 사실을 말하는데 얼마나 고민을 많이 했을까 싶다. 지금 생각해도 얼굴이 화끈거린다. 다행히 직원도 나의 실수를 이해하고 넘어가 주었지만 지금 생각해도 너무나 부끄럽다. 나는 그때 그 일을 겪은 다음부터는 축의금이나 조의금은 돈 넣는 것을 몇 번이나 확인하는 버릇이 생겼다. 그일 뿐만이 아니라 무슨 일이든 확인하고 또 하는 습관이 그때 생겼다.

벚꽃 피면 생각나는 S 씨

매년 4월 초입에는 어디를 가나 하얗게 핀 벚꽃을 볼 수 있다. 내가 자주 가는 골프장에도 이때쯤이면 어김없이 벚꽃이 흐드러지게 피어 골퍼들을 반긴다. 포항 오션힐스CC 오션코스 5번 홀 티 박스 주변에 활짝 핀 벚꽃을 볼 때마다 문득 그리운 사람의 얼굴이 떠오른다.

S 씨 부부! S 씨는 나와 동갑내기로 포스코 같은 직장에 다녔다. 둘이서 운동을 하기 전에는 일면식도 없는 사이였으나 우연히 같이 동반라운딩을 한 후, 직장에 대한 공통된 대화며 성격까지 비슷해서 자주 어울렸다. S 씨는 부인과도 금실이 좋아 운동

갈 때면 부인과 같이 가기를 원했고 나는 그들 부부가 취미가 같아서 늘 부러웠다.

어떤 때에는 부부가 어깨동무하고 잔디 위를 걷기도 하고 또 어떤 때는 손을 꼭 잡고 걷는 모습에 시샘도 났었다. 그렇게 자주 같이 운동을 했다. 그러다 내가 광양으로 발령이 나서 갔고 동반 라운딩 기회도 뜸 해졌다. 어느 날 포항의 지인 한 분으로부터 S 씨가 아파서 서울 모 병원에 입원했다는 소식을 전해 들었다. 나는 걱정이 돼 전화했더니 엄청 반갑게 인사를 하면서 별것 아니라고 했다.

며칠 후 서울에 출장을 가게 되었다. 광양으로 내려오기 전 잠깐 짬을 내어 병원에 병문안을 갔다. 위장에 약간의 문제가 있을 뿐 특별한 병은 없다고 했다. 입원하고 있었지만, 외관상 괜찮아 보여 안심이 되었다. 나는 웃으며 치료를 잘 받고 내가 포항에 가면 같이 라운딩을 한번 하자고 약속하고 헤어졌다.

그로부터 얼마 후 회사에서 근무 중에 한 통의 모르는 전화를 받고서 머리가 혼미해지고 어찌 이런 일이 있을 수 있을까 싶었다. S 씨 부인의 전화였다. S 씨는 그동안 희귀암으로 항암 치료를 받아왔고 최근에 상태가 안 좋아서 요양차 경남 진주시에 있다고 했다. 그리고 남편인 S 씨는 다른 사람과는 만나지 않으려고 하고 진주에서 30여 분 떨어진 광양에 있는 나를 보고 싶어 한다는 것이었다.

 고치기 힘든 희귀암, 나는 너무 놀랐다. 약속 날짜를 정하고 가겠노라 했다. 그리고 약속한 날 S의 아내가 알려준 진주의 모처로 달려갔다. 차를 주차하고 집 안으로 들어가던 중 마당 그네에 앉아 있는 한 사람이 눈에 들어왔다. S 씨였다. 4월이었다. 상의를 벗은 채로 나를 보더니 미소를 짓는 모습이 인자한 S 씨의 모습 그대로였다. 그런데 암이라니⋯⋯.

 그런데 가까이 가서 자세히 보니 S 씨의 가슴 부위는 온통 붉은 멍 자국으로 뒤덮여 있다. 나는 이상한 예감이 들었다. 그러나 말을 아낀 채 잘 지냈냐고 인사를 나누고 집 안으로 들어가 차를 한 잔 같이 마셨다. S 씨는 바쁠 텐데 여기까지 와주어서 고맙다고 인사를 했다. 나는 어떻게 된 일이냐고 했더니 희귀암 진단을 받고 병원에서 항암 치료 중이란다. 그리고 앞으로 살 수 있는 기간이 길지 않을 거라는 말을 덧붙였다.

 나는 무슨 말을 해주어야 할지 아무런 생각이 나질 않았다. S 씨는 본인이 죽고 나면 부인 혼자 남는데 경제적으로 힘들지 않게 상가 건물을 매입해서 고정적으로 임대수입이 있으면 좋겠다고 나더러 포항에 상가 건물을 알아봐 달라고 했다. 나는 그렇게 하겠노라고 했다. 힘을 내서 꼭 병마와 싸워 이겨보라고 위로를 재차 건넸다. 가슴을 짓누르는 답답한 상황에 할 말이 없고 부부의 체념한 상황에 자주 오겠다는 말밖에 할 말이 없었다.

　S 씨를 만나고 광양으로 돌아가는 길에 머릿속이 복잡했다. S 씨는 삶의 끝자락에서 혼자 남겨질 자신의 아내를 걱정하고 있었다. 이후 어떻게 잘 이겨내고 있나 걱정과 병의 호전이 있기를 바라며 궁금증이 많았지만, 다시 와달라는 연락만 오길 기다렸다.

　그리고 어느 날, 막 출근을 한 이른 아침에 전화벨이 울렸다. S 씨의 부인으로부터의 전화였다. 순간 가슴이 쿵 하는 느낌을 받았다. 전날 밤에 포항에서 돌아가셨다고 한다. 나는 퇴근 후 포항 장례식장으로 가서 조문하고 부인에게 심심한 위로를 전하였다. 그리고 장성한 두 아들의 등을 두드려 주면서 아버지가 너희들 얘기를 참으로 많이 하셨다고 그리고 자랑스러워하셨다고 전해주었다.

　조화 속에서 환하게 웃으시는 S 씨! 가벼운 욕도 할 줄도 모르는 점잖은 사람, 남을 배려하는 것이 몸에 밴 사람, 항상 다른 사람을 편안하게 해주고 누구보다 성실했던 S 씨! 인생의 끝자락에서 보잘것없는 나에게 부탁을 해주었고, 그 부탁을 들어줄 여유도 주지 않고 떠나버렸다.

　벚꽃이 흐드러지게 피고 있었으니 그때가 4월 초쯤 됐던 것 같다. 둘이서 누가 더 실력이 좋은지 내기를 하면서 경쟁하였고, 운동 후 술 한잔에 세상 돌아가는 재미난 이야기를 나누던 그때가 생각난다. 그리고 벌써 시간이 9년이 흘렀다. S 씨는 이제 그쪽에서도 편안하게 자리를 잡으셨겠지. S 씨가 떠난 후 S 씨 부인이 걱정되고 궁금했지만 차마 전화를 하질 못했다. 그러나 요즘도 오션코스 5번 티 박스만 가면 그때가 생각이 난다. 그곳에서는 아프지 말고 편안하고 건강하시길 빌어본다.

최고의 횟집

포항 형산로터리 인근에 나의 단골 횟집이 있었다. 이 횟집을 이용하는 고객은 주로 포스코와 철강공단 근로자들이 많이 이용했다. 건물은 오래되어 낡았고 내부는 작았지만, 손님으로 항상 붐볐다. 메뉴는 참가자미회가 주였고 기본 찬으로 멍게와 소라숙회 등 정갈한 반찬들이 나와서 대부분 나의 입에 딱 맞아 1주에도 몇 번씩 드나들었다. 주중에는 점심을 해결하러 가서 물회나 물메기 매운탕 그리고 전날 술자리가 있었으면 곰치 매운탕을 먹고 숙취를 해소하곤 했다.

이 식당의 여사장님은 탁월한 음식 솜씨와 좋은 인상으로 손님을 맞았으며, 남사장님은 주방에서 회를 장만하는 금실 좋은 부부였다. 사장님은 내가 점심이든 저녁이든 사전에 예약하면 항상 나의 이름을 부르는데 처음에는 어색했다. 그러나 수년간 듣다 보니 친숙해졌고 내가 가면 늘 푸짐한 음식을 덤으로 내주었다.

어떤 때는 귀한 손님을 모시고 가면 놀랄 정도로 푸짐하게 음식을 내어놓았다. 그래서 다른 손님들이 생각하기에 내가 여기 횟집과 무슨 관계가 있는지 궁금해할 정도로 파격적인 대우를 해줬다. 그래서 내가 모시고 간 손님들이 본인이 혼자와도 이렇게 음식이 나오느냐고 되묻곤 했다. 나보다 한참 어린 참으로 고마운 사장님 부부였다. 고마운 마음에 술을 한 잔씩 권하면 사양하지 않았고 재미난 이야기도 많이 나눴다.

한번은 이런 일도 있었다. 회사에서 근무 중인데 여사장님한테서 전화가 와서 무슨 일인가 했다. 혹시 좋은 대방어라도 들어와서 먹으러 오라는 것인가 싶었는데, 시간이 나면 잠깐 가게에 들러주란다. 궁금한 마음에 몇몇 직원들을 데리고 저녁이나 먹을까 해서 갔더니 방에 있는 나를 불러내어 손에 든 무언가를 주었다. 내가 회사에서 승진했다는 소식을 들었다며 너무 기뻐서 축하해 주고 싶었고 무엇을 선물할까 고민을 하다가, 이것밖에 드릴 것이 없는 것 같다면서 손에 무언가를 쥐어 주었다. 무엇이냐고 하면서 봉투를 열어보니 백화점 상품권이 들어 있었다. 놀란 마음에 사양했다 그러나 사장님은 '정말 진심'이라고 말하며 주방으로 들어가 버린다. 내가 무얼 해줬다고 이렇게 생각을 해주시나 싶고 상품권은 하나도 중요하지 않았다. 그저 그 마음에 감동이 밀려왔다.

착하고 좋은 사람은 하늘에서도 너무 필요해서 빨리 데려가나 싶은 생각이 든다. 어느 날 걸려 온 전화에 정신이 아득해졌다. 나에게 '정말 진심'이라며 상품권을 주었던 그 사장님이 밤사이 심장마비로 돌아가셨다는 것이었다. 믿을 수가 없었다. 나보다 한참이나 어린 분인데.

내가 포항에서 다니던 횟집으로 유일하게 갔던 곳이고 말동무가 되어주신 사장님이다. 그날 이후 가게 문은 열리지 않았다. 문이 닫힌 식당을 오가면서 언제 열릴까 기다렸지만 끝내 식당은 열리지 않았다. 사장님이 돌아가신 지 여러 해가 지났지만 지금도 좋은 성품과 손맛이 그립다.

참 뿌듯했다

포스코에 입사하고 이후 포스웰로 옮긴 후 26년간 가장 기억에 남고 제일의 보람으로 꼽는다면 무엇일까? 생각해 보았다. 포스웰은 인적구성이 절반씩 남녀로 나누어져 있고 회사 실적도 안정

적이다. 내가 회사를 떠나던 해 회사에 가장 이슈가 된 사안은 직원 자녀 장학금 제도 개편에 관한 것이었다. 간부들의 갑론을박이 며칠째 이어졌다.

포스웰의 장학금 제도는 자녀 1명에 대해 대학까지 학비를 지원해 주고 있었는데, 이는 다른 포스코 계열사들이 자녀 2명까지 지급하고 있는 것을 생각해 보면, 포스코그룹 내에서 제일 혜택이 낮았다. 그로 인해 공공연히 직원들의 불만이 많았다.

나는 직원들의 애사심을 키우고 업무에 숙련된 직원들의 유출을 막고 또 우수한 직원들의 유치를 위해 복지후생 분야인 장학금은 다른 포스코그룹사와 동등해야 한다는 생각이었다.

그래서 회의 때마다 이번 기회가 장학금 제도를 바꿀 마지막 기회라고 주장했다. 그러나 대부분의 간부들은 회사 재정 여건을 생각하면 급격한 인상은 무리라는 입장이었다.

나는 재정 여건은 여러분들이 지금보다 몇 배로 더 노력해서 개선 시키고 이번 기회에 직원들의 희망을 꺾지 말고 실행에 옮기자고 간부들을 설득하고 나의 주장을 밀고 나갔다. 사실 장학금 제도가 바뀐다고 해서 나에게 혜택이 오는 것은 없었다. 이미 딸은 대학을 마쳤고 그해 말에 나는 회사를 떠나므로 내가 사적인 욕심을 갖고 나의 주장을 펴는 게 아니었다.

나의 직원들, 특히 식당에서 묵묵히 일하는 여사님들의 간절한 바람을 이루어주고 싶었다. 결과적으로 나와 수십 명 간부들 간의 팽팽한 의견이 대립되었다. 그러나 나는 최 일선에서 가정과 자식들을 위해 새벽부터 늦은 밤까지 일하고 있는 직원들의 모습을 떠올리며 끝까지 생각을 밀고 나갔다. 최종 결정을 하는 회의에서 나의 의견에 손을 들어주었다.

대학생 자녀 2명까지 학비를 전액 지급하는 제도가 발표되자, 대학생 자녀를 둔 여사님들은 기뻐했고 나는 고맙다는 인사를 수도 없이 받았다. 얼마 남지 않은 나의 임기 동안 뭔가를 해드릴 수 있게 되어 뿌듯했다. 이런 보람은 살면서 두고두고 잊히지 않을 것이다.

오늘도 식당에서 굵은 땀방울을 흘리시는 포스웰 여사님들의 건강과 행운을 빈다. 지금은 회사가 더 튼실해졌고, 여러 상황들이 더더욱 좋아졌다는 말이 들려올 때마다 그때의 결정이 참 잘됐다는 생각을 하게 된다.

위대한 대한민국의 어머니

우리나라 '어머니'의 힘은 강하고 위대하다. 내가 오랫동안 몸담았던 곳은 포스코의 계열사로 복리후생시설을 운영하는 포스웰이다. 포스코의 급식 시설과 수련 시설 그리고 각종 직원 편의 시설을 운영하며 포항과 광양 두 곳에 약 500여 명의 직원이 있고 그룹 내에서 규모가 제일 작은 회사이다.

구내식당에 종사하는 직원은 약 200여 명이 근무하고 있다. 식당에서 근무하는 직원은 밥과 국, 반찬, 세척 등 분야별로 세분화되어 맡은 일을 하고 있다. 식사시간이 되면 줄을 서서 기다리는 사람으로 식당마다 장관을 이룬다. 많은 사람들이 이용하는 식당이다 보니 당연히 종사하는 직원의 일도 많아 시중 식당에 종사하는 사람과 비교가 되지 않을 만큼 힘든 게 사실이다.

하지만 일은 힘든 반면에 우리나라 굴지의 회사인 포스코 계열사이므로, 좋은 점은 월급이 괜찮고 안정된 직장이라는 점이다. 나는 식당에서 직원이 휴가나 돌발적인 사유로 결원이 생길 때에는 내가 할 수 있는 범위 내에서 일손을 돕기도 했다. 밥을 하거나 반찬을 만드는 일은 할 수 없지만, 엄청난 양의 식기를 세척하는 일은 그나마 내가 도와줄 수 있는 일이라 수시로 지원하러 갔다.

세척기는 고압의 수증기로 식기의 찌꺼기나 기름때를 자동으로 씻어주지만 뜨거운 열기가 많고 주변은 수증기로 자욱해서 10여 분만 지나면 온몸에 땀이 범벅이 된다. 그래서 지원을 나갈 때는 여벌의 옷을 챙겨가야 했다. 또한, 제시간에 세척기로 식기를 투입하거나 세척되어 나오는 식기를 처리하지 못하면 후속 공정에 차질이 생긴다. 같은 공정에서 함께 일하는 동료에게 피해를 주므로 작업에 온 신경을 집중해야 한다.

자주 이러한 지원을 나가다 보니, 과정을 반복하게 되고 자연히 습득하게 되어 어느 정도 숙달된 일 처리를 할 수 있게 되었다. 그래서 그 부서에 근무하는 직원들에게 도움을 주게 되어 어엿하게 한몫을 할 수 있음을 인정받게 되었다.

식당이란 한정된 공간 한정된 작업시간 속에서 작업을 마치고 같이 둘러앉아 뒤늦은 식사를 할 때가 나는 참 좋았다. 직원들은 이런저런 자신들의 개인사를 이야기했다. 그 이야기 속에 직원들의 애환과 자식에 대한 무한한 사랑을 느낄 수 있었다. 그 옛날 나의 어머니처럼 힘든 일을 하면서 자식을 위해, 자식에게 조금이라도 도움을 주려는 그 애틋한 마음을 고스란히 느낄 수 있었다. 참고 견디는 어머니의 위대한 힘을 그곳에서도 발견했다.

많은 식사 인원을 감당하려면 투입되는 식재료도 어마어마한 양이라서 사전에 다듬고 세척해야 하고, 밥과 국, 반찬을 맛있고 영양가 있게 조리해야 하고, 돌아가는 고압증기를 뿜어내는 컨베이어벨트 시스템의 세척 기계를 정해진 시간에 돌려야 하고, 안팎으로 청결을 유지해야 하므로 깔끔한 마무리까지, 구내식당 일은 신경 쓸 곳이 많으며, 단 하나의 공정도 힘이 들어가지 않은 부분이 없다.

 그러다 보니 직원들은 반복된 작업에 어깨나 손목 질환을 겪고 있다. 내가 개개인 한 사람, 한 사람을 도와줄 수는 없었다. 그러나 그들을 이해해야지 회사 제도를 개선한다든가 새로 개정한다든지 할 수 있고, 직원들이 최대한 혜택을 받을 수 있도록, 도와줄 수 있을 것이라 생각했다. 그러나 더 많이 도와주지 못한 게 아쉽다.

 직원들은 자식이 잘되면 자랑하고 싶은데 누구한테나 선뜻 할 수 없을 때 그 자랑을 나한테는 스스럼없이 곧 잘했다. 나는 직원들의 경사가 기뻤고 진심으로 축하해 주었다. 그래서 그런가, 퇴직한 지 몇 해가 지났는데 아직도 잊지 않고 좋은 일이 있으면 전화를 주고 자랑을 한다. 자식이 그 어려운 공무원시험에 합격했다. 우리나라 굴지의 대기업에 합격했다. 좋은 배필을 만나 결혼을 한다. 눈에 넣어도 안 아플 손자를 봤다. 이 얼마나 자랑스럽지 않은가? 아직 나를 잊지 않고 연락해 주는 것이 고맙다.

 오늘도 포스웰의 식당에서 많은 직원들은 땀을 흘리며 열심히 일하고 있다. 그들을 나는 '대한민국의 위대한 어머니'라고 말하고 싶다.

36년간의 회사생활을 마치며

1985년 11월 포스코에 입사 후 36년의 기나긴 세월을 보내고 정든 곳을 떠나게 되었다. 내 청춘과 인생의 절반을 보낸 이곳을 이제 떠나야 할 시간이 온 것이다. 퇴임식을 앞두고 밤잠을 설쳤다. 예전에는 퇴직 후 여러 가지 하고 싶은 일들을 미리 짜보고 들뜨기도 했는데 막상 퇴직 날짜가 다가오니 오히려 초조하고 심란해졌다. 그래도 나이를 꽉 채워 퇴직하게 되었으니 감사할 따름이다.

퇴임식이 있는 날 유난히 외모에 신경 쓰고 넥타이도 깔끔하게 맸다. 그리고 회사생활의 마침표를 찍기 위해 마지막 출근을 했다. 직원들 앞에서 나는 오랜 기간을 있게 해준 회사에 감사를 드리고 후배 직원들에게도 고마움을 표했다. 퇴임식을 마치고 나를 향해 한 줄로 길게 도열한 직원들과 일일이 인사하며 나의 회사생활은 마감되었다.

퇴임사

오늘 저의 퇴임에 귀한 자리를 마련해 주신 사장님과 직원 여러분에게 먼저 감사를 드립니다. 지난 36년의 직장생활을 마무리하는 지금 지나온 세월이 주마등처럼 지나가며 기억이 되살아 나는 듯합니다. 동료 여러분과 부대껴 온 나날은 이제 추억의 한 페이지로 남겨야 할 것 같습니다.

36년 전 포스코의 노란 제복을 입고 어색한 안전화를 신은 채 시작된 직장은 포스웰이란 낯선 곳으로 와서 지금까지 포스웰 인으로 지내왔고 포스웰은 곧 저의 자부심이었습니다. 포스웰에서 결혼하고 2세를 얻었으며 무엇보다 여기서 회사생활을 마치게 되었으니 어찌 보면 제 고향과도 같다고 하겠습니다. 하지만 재직하면서 회사 발전에 크게 기여를 못 한 게 못내 아쉽고 후배 여러분에게 미안할 따름입니다.

앞으로 저는 적극적인 역할은 할 수 없지만 마음으로나마 회사가 잘 되기를 기원하겠습니다. 포스웰만의 따뜻한 동료애와 응집력은 어떠한 어려움이 와도 능히 헤쳐 나갈 수 있다고 감히 말할 수 있습니다.

자신감을 가지고 변화를 먼저 주도해 나갈 때 지금보다 훨씬 경쟁력을 갖춘 회사로 거듭날 것으로 확신합니다. 코로나가 더욱 기승을 부리고 있습니다. 포스웰만 힘든 게 아니라 모두가 힘들어하고 있고 이런 힘든 시기를 이겨내고 있습니다. 미국의 여류시인 랜터 윌슨 스미스의 시속에는 이런 구절이 있습니다. "이 또한 지나가리라." 코로나가 종식되는 그날까지 건강하시고 새해에는 가정에 행복이 가득하시길 소망합니다. 감사합니다.

반가운 전화벨 소리

휴대폰이 울리기에 발신인을 보니 반가운 이름이 보인다. C 팀장, 내가 퇴직을 하고 지금까지도 가끔 안부 전화를 하고 명절이면 또 연락을 해오는 마음이 선한 사람이다. 내가 재직 중에 특별히 잘해준 것도 없는데 C 팀장은 나를 극진히 예우해 준다.

충청도가 고향인 C는 나에게 주기 위해 태안에 사시는 누님에게 부탁해서 굴을 한 아름 보낸 적이 있기도 했다. 그 굴은 크기가 아주 작아서 나에게 보낸 양만큼을 까려면 엄청난 고생을 했을 텐데, 그 수고스러움을 생각하면 고마움과 감동을 말로써 표현할 길이 없었다.

그런 C가 전화를 걸어와 명절을 잘 보냈는지 안부를 물어왔다. 나는 C를 오랫동안 지켜보면서 한 가지 특별한 점을 발견했다. 그는 매사에 적극적이고 그러면서도 남을 배려하는 품성이 몸에 배어 있다. 그와 같이 근무하는 직원들은 모두가 C를 본받고 일하는 스타일을 배워 따르다 보니 회사 내에서도 항상 업무 실적에서 선두를 빼앗긴 적이 없었다.

업무능력이 특출나고 본받을 품성을 지녔으니 그 밑에 직원들도 자연스레 닮아 가고 있었다. 조직에서 어느 한 사람을 따르는 것도 그 사람의 리더십이 뛰어나기 때문이다. 팀장을 중심으로 직원들이 하나같이 일사불란하게 움직이는 체계를 만드는 리더의 능력을 나는 항시 주시해 왔고 내심 편한 마음으로 지켜봐 왔었다.

C는 퇴직한 사람 중 나에게 만 연락을 하는 것도 아니고 거쳐 간 사람들에게 두루 안부 전화를 한다고 하니, 나이 많은 나로서도 배울 점이 한두 가지가 아니다. 퇴직하고 가장 먼저 느끼는 소

외감은 전화 오는 횟수가 점점 줄어드는 것이다. 자연스러운 현상이고 받아들여야 하는데 이렇게 안부 전화가 오면 가슴이 뛰고 반갑다.

통화 내용 중에 특별한 것도 없지만 휴대폰이 울린다는 자체가 고마운 일이다. 나도 대화 중 연신 고맙다는 인사를 하고 다음에 만날 날을 기약하며 전화를 끊는다. 누구를 생각해 주고 기억해 주며 서로가 생각날 때 연락해 주는 인간관계가 삶에 있어서 중요한 것 같다.

아무리 학벌이 좋고 돈이 많아도 자신을 알아주거나 찾아주는 사람이 없으면 아무런 소용 없을 것이며 인생 또한 쓸쓸하고 외로울 것이다. 사람 옆에 사람이 있어야 한다는 말이 맞는 말이다. 오늘 하루도 기분이 흐뭇하고 넉넉한 마음을 가져본다. 그러고 보면 나의 뒷모습도 쓸쓸하기만 한 것은 아닌 것 같다. 이렇게 잊지 않고 전화해 주는 사람들이 있으니 잘 살아온 것도 같다.

멋쟁이 사장님!

나는 머리를 깎는 데 나만의 법칙이 있다. 한 달에 한 번 꼭 깎아야 하고, 염색해야 하며, 반드시 가위로 머리카락을 깎아야 한다는 것이다. 가격도 싸고 편리하다고 주변 지인들이 권유하여 요즘 유행하는 헤어숍에 가보았지만 내 스타일이 아니었다. 전기면도기로 커트를 하면 머리모양이 더부룩한 한 것이 영 맘에 들지 않았다. 최고급 바버숍은 아니어도 가위로 커트를 해주는 이발소를 몇십 년째 고집하고 있다.

그런데 내가 고수하는 이런 옛날 방식의 이발소는 이발 시간이 오래 걸리고 힘들며, 비용 또한 헤어숍에 비해 비싸서 그런지 찾는 사람도 점점 줄어들어 점차 없어지고 있다. 나는 회사에 재직 중일 때에는 구내 이발소를 이용했다. 퇴직 후에는 마땅한 곳이 없어 이곳저곳을 전전하던 중 지인의 소개로 현재 다니는 이발소를 알게 되었다.

사장님은 연세가 칠순을 넘기셨고 이발만 평생을 주업으로 해오신 분이다. 그리고 본인의 철칙으로 가위 커터만 하시며 자신의 직업인 이발에 관한 나름의 철학을 갖고 계신다. 내 맘에 쏙 드는 곳이었다. 연세가 많으심에도 불구하고 아직 안경도 안 끼고 관리도 잘해서 근육이 탄탄하고 균형 잡힌 몸매를 자랑한다.

사장님은 앞으로 힘이 떨어질 때까지 이 업을 계속하신단다.

옛 방식의 이발이라서 주 고객이 동네 어르신들 그리고 나 같은 가위 커터를 선호하는 사람들이 애용하며 젊은 층은 찾아볼 수 없다. 이발소 위치도 주택지역 한가운데 있어 간판도 잘 보이지 않고 내부 시설도 오래되어 시내 헤어숍과 비교되지 않는다. 그러나 그곳을 찾는 사람들은 모두 단골이며 사장님의 커트 솜씨에 만족하며 누구도 대기하며 불평을 하는 사람은 없다.

하기야 이곳이 마음에 들지 않으면 애당초 오지 않았을 터 여기 오는 사람은 모두가 사장님의 가위질 솜씨가 마음에 들어오는 사람들이다. 나는 이발을 하며 사장님의 가위 소리에 눈을 스르르 감고 옛날에 보았던 팀 버튼 감독 「가위손」의 조니 뎁을 생각하기도 한다. 또 어떤 날은 머리를 깎으며 사장님과 정치나 시사 이야기를 곁들일 때도 있는데 사람 사는 냄새가 나는 이발소이다.

사장님의 이발소를 이용한 지도 벌써 5년이 지났다. 그런데 요즘 들어 머리를 깎고 거울을 보면 머리털 한 가닥이 삐져나와 있다든가 염색이 몇 가닥 덜 된 경우가 있다. 그러면 내가 가위로 정리 안 된 부위를 살짝 자른다. 서운한 마음보다는 사장님도 연세가 드셔서 예전만큼의 정교함이 떨어져서 그런가 생각이 들면서, 세월은 어찌할 수 없는가 싶어 안타까운 마음이다.

그러나 단언컨대 사장님의 머리 깎는 기술은 최고다. 사장님이 더 이상 이발소를 운영하지 못하게 되면 이런 가위손 사장님을 또 어디에서 찾을 수가 있을까? 나의 이기적인 생각에 어떻게든 사장님이 건강하시길 빌어본다. 오늘도 한 달에 한 번 가는 이발소를 다녀왔다. 오늘도 나는 사장님께 반갑게 인사했다.

"사장님, 안녕하세요? 언제나 건강하십시오!"

이발소를 운영하느라 아직 제주도를 한 번도 가보지 못했고 비행기도 아직 타본 적 없으신 사장님! 올해는 꼭 비행기 타고 제주도에도 다녀오시고 쉬엄쉬엄 쉬어가면서 오래오래 하십시오. '멋쟁이 사장님, 다음 달에 또 뵐게요.'

송년명상

올해 마지막 하루를 남기고 존경하는 형님들과 송년 라운딩을 갔다. 말이 송년이지 한 달에 몇 번은 만나서 이런저런 수다를 늘어놓곤 하지만, 어쨌든 한 해를 마무리하는 시점에 얼굴이나 한 번 보자는 취지에서 일정을 잡은 것이다.

그 형님 중에는 내가 인생의 멘토로 생각하는 형님이 계신다. 형님을 나의 멘토로 받드는 이유는 인생을 살아가는 데 많은 가르침과 교훈을 얻기도 하고 가장 중요한 것은 만나면 형님의 말을 듣고 있는 것만으로도 편안하다는 것이다.

형님은 지금도 왕성하게 사업을 하셔서 나보다는 훨씬 경제력이 좋으시다. 그러나 아직 한 번도 자신의 재력을 자랑삼아 이야기한 적이 없다. 오히려 그 부분을 말하는 것을 금기시하는 것도 같다. 그러면서도 식당에서는 항상 먼저 일어나 밥값을 계산하신다. 그런 형님을 보면 아무런 걱정이 없어 보이고 그저 행복해 보인다.

요즘 유튜브에 많이 회자되는 말이 있다. 나이 먹으면 하지 말아야 할 것들이 있는데 그것은 첫째, 돈 자랑, 둘째, 자식 자랑, 셋째, 건강 자랑이란다. 라운딩 후 저녁 자리에서 술이 몇 병이 돌고서 약간 취기가 올랐는지 금기어인 자식 이야기가 나왔다.

한 분은 늦은 나이지만 딸이 결혼 생각이 전혀 없고 아들은 결혼한 지 수년이 지났지만, 아직 2세가 없다고 한숨이다. 또 한 분은 딸 내외가 사업을 하는데 지금까지 도와줬지만, 앞으로는 그럴 생각이 없고 스스로 자립하도록 내버려두어야겠다고 한다. 돈이 많고 잘살아도 걱정거리는 누구에게나 있는데, 그것이 주로 자식 걱정인 것 같다.

식사를 마치고 돌아오는 길에 여러 가지 생각이 들었다. 가진 것이 많으면 자식에게 물려줄 것이 있어 좋을 텐데 나는 그렇지 못해 물려줄 재산도 없다. 지금까지 나는 딸에게 공부하는 그 기간 동안은 그 기간이 아무리 길어도 지원해 주겠다고 했다. 그리고 그 이후에는 아빠, 엄마의 노후 생활도 있으니 이해해 달라고 얘기해 왔었다. 딸은 우리 부부의 의견에 동의해 주었다. 월급쟁이 아빠의 여건을 이해해 주어서인지 딸은 학교를 졸업하고 취직을 한 후 한 번도 도움의 손길을 내민 적이 없다. 오히려 꼬박꼬박 용돈을 보내온다(대놓고 자식자랑이 돼버렸네).

결혼할 때에도 신랑과 의논하여 필요 없는 격식과 허례허식을 없애고 줄이고 하여 나는 그저 공짜로 자식을 결혼시켰다. 신혼인 딸아이는 나름대로 가정이나 직장에서 잘해 나가는 모양이다. 그러면 나와 아내가 건강하게 지내는 것 외에 걱정이 또 있을까? 물론 건강 또한 나이가 들면 어쩔 수 없는 것이니 모든 만사가 욕심을 내려놓으면 편안해지지 않을까? 생각해 본다.

올 한 해도 이렇게 만 가지 생각으로 저물어 간다.

3 장

어디론가 꼭꼭 숨고 싶었다

퇴직하면 이곳저곳 여행도 다녀보고 여태 해보지 못한 것들을 해보며 재미있을 것이라 생각했다. 그러나 막상 퇴직을 하니 내가 나를 통제할 수가 없었다. 그토록 기대했던 아내와 같이하는 시간과 그동안 못했던 대화를 실컷 할 수 있어 좋을 것이라 생각했다. 그러나 말도 안 되는 사소한 일로 자주 마찰을 빚는 일이 잦아지고 갈등이 생기기 시작했다. 내가 이런 사람이 아닌데 참아야지 하면서도 스스로 자제가 되지 않았고 앞으로 많은 날들을 어떻게 지내야 하나 걱정이 되었다.

그러던 어느 날, 시내 서점을 들러서 신간 도서를 훑어보던 중 제주 한 달살이를 내용으로 구성된 책 한 권이 눈에 띄었다. 작가는 방송국 고위직에서 정년퇴직하신 분으로 퇴직 후 바로 아내와 제주로 내려갔다. 그는 한 달 동안 제주의 여러 곳을 다니면서 보고 느낀 점과 과거를 회상하며 쓴 글인데, 나와 처지가 같아서인지 내용이 가슴에 와닿는 부분도 많고 흥미 있고 재미가 있었다. 그 책을 읽으며 나는 한 줄기 빛이 내게 비치는 것을 느꼈다.

 내가 있는 이곳에서 비행기를 타야만 갈 수 있고 바다를 건너야 갈 수 있는 '제주도'가 나의 마음 한곳에 자리 잡게 되었다. 나를 알아보는 사람이 없는 곳으로 숨바꼭질하듯 나를 꼭꼭 숨기고 싶었다. 오랜 시간 보아오던 얼굴들을 뒤로하고 아는 이 없는 모르는 곳으로 잠적하고 싶었다. 그러나 마음 한편에서는 이래도 되나 걱정되기도 하고 솔직히 한 번도 생각해 본 적도 없는 일에 겁도 났다. 그러나 나는 새롭게 펼쳐질 내 삶을 위하여 지나온 시간들을 정리해 볼 필요가 반드시 있다고 생각했다.

 그리고 아내에게 나의 생각을 말했다. 당연히 반대했다. 하지만 아내도 내가 한번 결심하면 물러서지 않는 외고집이 있다는 것을 알기에 결국 나의 결정에 따라주었다. 일단 제주도로 가서 지낼 곳을 정해야 했다. 그러던 중 문제가 발생했다. 아내가 아파트 계단을 내려오다가 발을 헛디뎌 발등에 금이 가는 사고가 났다. 내 마음은 벌써 제주도에 가 있는데 아내의 깁스를 풀기까지 한 달을 보낼 수밖에 없었다.

 이후 아내의 발이 어느 정도 회복된 후 먼저 제주도에 거주할 집을 마련하러 떠났다. 거주할 집의 위치가 대단히 중요해서 나 나름대로 몇 가지 기본조건을 정했다.

 첫째, 낯선 곳이라 최우선시한 것은 안전한 곳이었다. 그러려면 도심에서 너무 벗어난 곳이 아니어야 한다.
 둘째, 생필품을 자유롭게 구입할 수 있고 편의시설이 갖춰진 복잡하지 않은 곳 이어야 한다.
 셋째, 아무래도 포항을 자주 왕래할 수밖에 없으니 공항이 가까워야 한다.

 이 세 가지 규칙을 정하고 지도를 들고 제주의 이곳저곳을 여행하는 마음으로 돌아다녔다. 그래서 정한 곳이 공항과 30분 거리의 애월읍 하귀리에 1년간 거주할 보금자리를 정했다.

 바다가 있는 포항에서 남해바다를 건너 또 바다가 있는 곳 '제주도'라는 먼 곳에, 그동안 직장을 다니며 힘들었던 나의 심신을 쉬게 하며 당분간 꼭꼭 숨어 있을 곳을 정했다.

제주로 떠나다

앞으로 내가 지내게 될 제주가 어떤 곳인지 또 생활은 어떻게 하게 될지 아무 생각이 없었다. 차량에 최소한의 살림살이 도구와 이불, 그리고 임시로 필요한 물품들을 싣고 제주를 향해 집을 나섰다. 제주행 배편이 있는 전남 완도항을 향해 달렸다. 새벽에 도착하여 배에 차량을 선적했다. 배의 크기가 어마어마한 규모였다.

많은 관계자들이 새벽에 안전하게 차량을 유도하고 결속하는 등 신속하게 작업을 했다. 또한, 제주도는 섬이라는 특수한 환경으로 생필품 등 모든 물품의 물동량이 화물차를 이용해 배로 운송할 수밖에 없어 화물차가 많았고 나처럼 개인차량을 가지고 제주로 들어가는 승객과 일반 이용객으로 붐볐다.

이런 생소한 모습에 가슴이 두근거리며 2시간 40분의 항해 끝에 깜깜한 새벽녘 불빛이 희미하게 비추는 제주라는 섬에 도착했다. 그리고 배에서 내려 내비게이션이 가리키는 나의 보금자리 애월을 향해 달렸다. 미지의 장소, 나를 알아보는 이 없는 제주에서의 생활이 이렇게 시작되었다.

제주에 도착하고 하루 만에 3월이 되었다. 제주에서의 1일 차, 멀리서 바라본 한라산은 하얀 눈이 덮여 이국적인 신비로움을 더

했다. 나름 재미나게 또 후회 없이 지내봐야겠다는 다짐을 하면서 살림살이를 정리했다.

　나의 인생 2막을 시작하는 제주 생활이 나의 가치를 더 높이는 계기가 되고 내 인생의 터닝포인트가 되기를 기대하면서 저 멀리 보이는 한라산을 가슴 속에 품었다. 그리고 누구도 쉽게 할 수 없는 결정을 '나는 할 수 있었다.'라고 스스로 생각하면서, 1년 후 변화된 모습으로 당당하게 되돌아가리라 마음먹었다.

나의 외딴방

3월이지만 아직 봄은 아닌 것 같다. 날은 아직 겨울처럼 차다. 겨울의 막바지에 봄은 기다리는 비가 쏟아지고 바람까지 거세게 불어 온몸이 움츠려지고 가로수 은행나무도 이제 겨울이 버거운 듯 안간힘을 쓰며 마지막 추운 시간을 버티고 있다. 인간이 계절을 준비하는 것보다 자연은 한발 먼저 세상의 순리에 순응하고 받아들일 준비를 한다.

밤하늘에 별을 찾아볼 수가 없다. 소소리바람이 제주에 분다. 제주의 겨울은 내가 살던 곳과 비교가 되지 않을 만큼 눈이 많이 내리고 바람이 거세게 분다. 그러나 이제 곧 물러갈 겨울처럼 비바람도 점차 잦아지겠지. 처음 겪는 제주 날씨는 가히 변화무쌍하다. 서부와 동부가 현저하게 다르고 이동 시에는 날씨 정보를 반드시 알아보고 가는 게 기본이다.

여름에는 태풍 상륙으로 엄청난 강수량을 뿌리고 바람을 동반하여 육지와 교통편을 차단시켜 버린다. 그렇지만 제주는 화산섬으로 많은 비가 와도 지하로 스며들어 비로 인한 주택 침수나 호우로 피해 입는 경우는 다른 지역에 비해 적다.

제주시 애월읍 하귀리에 마련된 나의 작은 외딴방! 실 평수 7평의 작은 공간이지만 나의 보금자리는 혼자 살아가는 데 불편함이 없다. 냉장고, 세탁기, TV 등 필요한 것들이 잘 갖춰져 있고 무엇보다 창문을 열면 상쾌한 공기와 탁 트인 시야 그리고 제주의 돌담밭, 푸르른 바다가 한눈에 들어온다.

이곳의 가장 인상적인 것은 해넘이 낙조인데 붉은 해가 애월 앞 바다로 넘어가는 광경은 너무 아름다워 말로 표현할 수 없다. 볼 때마다 카메라 셔터를 누르고 볼 때마다 넋을 놓고 바라본다. 그리고 언젠가는 떠날 이곳의 노을을 오랫동안 두 눈에 담는다.

집에서 가져간 물품들의 제자리가 정해지고 나의 공간이 대충 정리되면서 집주변 가까운 곳부터 걷기 시작했다. 나의 외딴방 근처에는 어떤 것들이 있을까 잔뜩 기대하면서…….

애월의 매력

애월읍 하귀리는 제주시 인근에 위치한 제일 핫한 곳이다. 젊은 사람들이 많이 이주해 제주살이를 많이 하는 곳이다. 주택도 많고 아파트도 많아 어린 학생도 많다. 또 주변에 병원과 은행, 대형마트가 있고 특히 제주살이하는 나 같은 나이 지긋한 부부가 손을 잡고 산책하고 장을 보고, 이곳에 많이 살고 있다. 서로 만나면 가벼운 눈인사를 하고 지나간다.

복잡한 도시를 벗어나 조용하면서도 현대시설이 공존하는 곳이 바로 여기다. 내가 보금자리를 마련한 곳 주변에 애월 체육센터가 있다. 이곳에는 수영장, 헬스장이 깨끗하게 운영되고 이용료가 천 원이다. 그것도 65세부터는 500원이다. 퇴직하고 가장 해보고 싶었던 것이 머리 염색을 하지 않는 것이었다. 제주에 내려와 처음에 하얗게 올라오는 머리를 그냥 두었다. 그랬더니 체육관 직원이 나에게 500원만 주시면 된다고 지레짐작 말했다. 내가 천 원을 주고 돌아서니 멋쩍어하는 것 같았다.

헬스장은 제주에 있는 동안 매일 이용했다. 애월은 유명 연예인이 살았던 덕분에 많이 알려졌고 그로 인해 부동산값을 폭등시켰다고 한다. 실제로 웬만한 도시 수준을 능가하고 있었다. 복잡하지도 않으면서 그렇다고 시골도 아닌데도 주민 편의나 의료시설이 잘 갖춰져 있다.

 대형마트인 하나로 마트는 제주의 수산물을 다양하게 판매한다. 장을 보는 사람들을 살펴보니 제주의 특산품인 자리돔 젓갈을 많이 사 갔다. 경상도 사람인 나도 젓갈이라면 환장을 하는 관계로 맛을 좀 볼 요량으로 한 통을 샀다.

 집에 갖고 와 조심스럽게 뚜껑을 열었다. 나는 뚜껑을 여는 순간 깜짝 놀랐다. 손가락만 한 자리돔이 마치 살아 있는 듯 반들반들 눈을 뜨고 나를 바라보고 있었다. 자리돔의 그 눈빛이 곧 살아 바다로 돌아갈 기세였다. 모름지기 젓갈은 소금에 절인 생선의 살이 다 삭아 문드러져야 그 맛이 콤콤하니 살아나는 법인데, 제주 사람들은 아주 생생한 생선을 좋아하는 것 같다. 그날 이후 나는 단 한 번도 그 통을 열어보지 못했다. 나는 자리돔이 겁난다. 지금도 우리 집 냉장고 어느 구석에 자리 잡고 있을 것이다.

 애월의 바다는 신이 내린 선물이다. 에메랄드빛의 바다는 너무 맑고 푸르러서 눈이 부실 정도다. 검은 현무암과 어우러져 한 폭의 그림을 연상케 한다. 바닷가 집들은 바람을 견디기 위해 돌을 지붕에 얹어 단단하게 엮어두었고 담장은 돌담을 쌓아 집을 보호하게 했다. 섬사람만의 생활의 지혜와 생존하기 위한 인간의 위대함을 느끼게 한다.

조그만 양철지붕의 집은 관광객을 위한 카페로 개조하였고 예전의 밀가루 공장은 한담해변의 핫한 카페가 되어 있다. 남녀노소를 가리지 않고 여행객들이 이용하는 곳으로 아름다운 해변을 끼고 무수한 카페와 기념품 가게들로 붐비는데 그중의 압권은 단연 저녁 낙조다.

나는 한담해변을 매일 걸었다. 매일의 풍광이 다르고 오고 가는 사람도 다르지만 나는 늘 그곳을 거닐었다. 그래서 하루하루 나의 정신과 육체를 단련해 가며 애월의 매력에 흠뻑 젖어갔다.

제주의 자립생활

제주에서의 생활 중 가장 신경 쓴 것은 음식이다. 무엇보다 1년간 지내보겠다고 여기까지 왔는데 먹는 음식을 제대로 못 먹어서 체중이 줄거나 얼굴 볼살이 빠져 핼쑥한 모양새면 영 체면이 서질 않기 때문이다. 또 나는 하루 세 끼를 꼭 먹어야 하는 삼식이(?)라서 제때 챙겨 먹기만 하면 몸의 변화는 없는 체질이다.

몇 시에 아침을 먹고 점심과 저녁을 몇 시 그리고 무슨 메뉴를 먹을지 고민하지 않을 수 없게 됐다. 아침 기상은 6시에 알람을 맞추고 일어나 스트레칭을 간단히 한 다음, 식빵을 구워 잼을 바르고 계란프라이를 하여 우유와 함께 먹는다. 그리고 체육센터를 다녀온 후 12시에 점심을 먹고 도서관을 간 후 오후 6시에 저녁밥을 먹는 규칙적인 일정을 반복했다. 그리고 짬짬이 과일을 곁들여 칼로리와 영양을 보충하니 체중에 변화는 없었다.

나는 밥을 먹을 때 꼭 국이 있어야 밥을 먹은 것 같아서 집에서도 아내가 늘 국을 끓여 주었다. 밥은 해 먹을 수 있고 반찬은 인근 마트에서 사면 되었다. 그러나 찌개나 국은 해본 경험이 전혀 없어 애를 먹었다. 아무리 해도 아내가 해준 맛이 나지 않았다. 그래서 손맛이라는 것이 있나 보다.

이런 어려움을 아내에게 얘기했더니, 뭇국이나 콩나물국 그리고 계란국, 김칫국 등을 쉽게 요리하는 방법과 레시피를 알려주었다. 요리 과정을 꼼꼼히 기록하여 국을 만들고 또 만들어 보았다. 그렇게 노력한 결과 아내의 손맛보다는 못하지만, 어느 정도 원하는 맛도 나고, 내가 만든 국을 먹는다는 자부심에 스스로 대견해하기도 했다.

그리고 갖가지 요리 정보들을 유튜브를 통해 배워 나갔다. 실제 여러 가지를 해보다 보니 나중에는 웬만한 생선찌개와 된장찌개를 비롯하여 못 하는 게 없을 정도로 실력이 늘었다. 특히 아주 쉽게 단순한 재료로도 요리하는 방법을 알려주는 유튜브는 나와 같은 초보자의 자립생활에 엄청 도움이 되었다.

내가 만든 음식이 맛있다고 느껴질 때 그 행복 지수는 상종가를 친다. 나도 지금의 내가 이렇게까지 변하게 될 줄은 꿈에도 몰랐다. 매일 아내가 차려준 밥상에 숟가락질만 했는데 이제는 내가 음식을 만들어 먹을 수 있게 되었다.

나와 비슷한 퇴직자들은 퇴직 후 아내만 바라보는 아내 바라기에서 벗어나, 요리하는 것을 배워보는 것도 좋을 것 같다는 생각을 하게 되었다. 이제 여유가 생겼으니 그동안 고생한 아내의 밥상을 차려보는 것은 어떨까 한다. 어느 정도 시간이 지나고 나서는 아내가 제주에 오면 내가 밥상을 차려 주었다. 제주에 가겠다는 나를 반대하던 아내는 제주에 오면 참 행복해하는 것 같았다.

남편들이여! 아내를 사랑하고 위한다면 지금부터라도 시작해 보자. 요리하는 남자 어렵지 않더라. 시작을 안 했을 뿐이었다.

제주의 기원을 찾아서

제주에 살게 되면서 외진 섬 제주가 여러 가지로 신기했고 궁금한 것 투성이었다. 그중 첫 번째가 이런 척박한 땅에 어떻게 사람이 살게 되었는지 궁금했다. 비록 나를 위한 도피 아닌 도피로 1년살이 짧은 도민이 되었지만, 언제부터 사람이 살았는지 그 기원을 알고 나면 제주에 대한 이해가 빠를 것 같았다.

제주 시내 삼성혈을 찾았다. 삼성혈을 가는 길은 양옆에 흐드러지게 핀 벚꽃이 장관이었고 구경하는 관광객들로 붐볐다. 참고로 제주에서 벚꽃을 구경하기 좋은 곳은 삼성혈과 애월고등학교 정문이라고 나는 말하고 싶다. 애월고등학교는 아이들이 공부하는 곳이니 관광객들이 붐비면 안 될 것 같다. 나는 평일 낮에 조용히 산책하며 사색하였다. 나에게는 최적의 장소였다.

제주는 지금으로부터 4,300여 년 전 고씨, 양씨, 부씨 세분이 동시에 이곳에서 태어나 이후 탐라왕국으로 발전하였다고 한다. 삼성혈은 세분이 지혈로부터 올라왔다는 전설이 있어 주변 고목들도 모두 이 지혈을 향하고 있다고 신기했다. 제주에서 고씨 성은 많아도 부씨, 양씨가 많다는 사실을 새롭게 알게 되었다. 삼성혈의 이곳저곳을 돌아보며 제주의 뿌리를 알았다.

P 실장님의 토마토

퇴직하고 제주에 온 지 2개월로 접어들 시점에 포항에서 택배가 왔다. 아내가 보냈으면 사전에 연락하고 보냈을 텐데 누가 보냈을까? 궁금해하면서 겉면 발송자를 본 순간 반가운 이름에 눈물이 핑 돌았다. 다름 아닌 예전 회사에서 같이 근무한 P 실장…….

평소에 잔정이 많아서 늘 상대방을 배려하고 특히 나에게 많은 정을 주었다. 퇴직했으니 지나간 사람은 다 잊고 지내리라 생각했는데, 이렇게까지 나를 생각하고 있을 줄은 몰랐다. 몸에 좋은 토마토를 바다 멀리까지 보내는 그 정성에 무한한 감동이 몰려왔다.

바다 건너온 토마토를 하나하나 먹기도 아까웠다. 먼저 빨갛게 익는 순서대로 P 실장을 생각하며 맛있게 먹었다. 이렇게 잘 키우려면 얼마나 애를 썼을 텐데 생각만 해도 고마울 뿐이다.
P 실장님, 고맙습니다.

P 실장님이 보내온 토마토를 보니 생각나는 것이 있다. 고향 집 앞마당에는 감나무 세 그루와 대추나무 한 그루가 있었다. 모두 나무가 컸고 감과 대추가 무수히 많이 달렸다. 먹을 것이 귀한 시절이어서 배고픔을 대신할 귀한 양식이었다. 감은 홍시가 되어야 먹을 수가 있었고 대추는 빨갛게 익지 않으면 먹을 수 없었다. 그래서 우리 형제들은 익은 것이 없을까? 매일 나무를 쳐다봤다.

그나마 먹고 싶은 마음에 가지에 달린 설익은 감을 따다가 먹지도 못하고 담벼락 위에 올려놓고 홍시가 되기를 기다리기도 했다. 그마저도 빨리 먹으려고 주물러서 물렁해지기만 하면 그 떫디떫은 맛에도 욕심을 내어 먹어치우기도 했다.

 약을 치지 않아도 매년 감과 대추는 어김없이 주렁주렁 달렸다. 초겨울에 이슬을 맞은 감의 맛은 더 달고 맛있었다. 그리고 감나무 끝에는 겨울에 새가 먹도록 몇 개를 남겨놓았다. 어쩔 땐 그것마저 우리가 해치우는 비정함에 아마도 새들은 원망했을 것이다. 그러나 그 시절 감나무에 걸려 있던 감은 요즘 감 맛과 견줄 수가 없다.

 감나무 가지는 잘 부러진다고 올라가지 말라고 하시는 부모님 말씀도 아랑곳하지 않고 올라가서 놀던 때가 그립다. 감나무가 있던 그 자리는 이제 넓은 신작로로 변해 흔적조차 없어져 버렸지만 그 시절 그 추억들은 오랜 시간이 지난 지금도 생생하다.

말과 말고기

제주에 오면 한가롭게 노니는 말을 어디에서나 볼 수 있다. 도시에서 볼 수 없는 평화로운 광경에 마음이 편안해지고 말이 사람보다 팔자가 좋아 보인다. 관광객을 태우고 돈벌이하는 곳도 있지만 그보다는 말 목장을 가보면 진정 말들의 세상을 구경할 수 있다.

한라산 중턱에 위치한 제주마 방목지는 넓은 초원에 대표적인 사육지로 추천하고 싶다. 여기서 한 가지 밝혀둘 것은 제주에서는 말고기 요리를 하는 식당이 있는데 관광객은 호기심에 먹어보곤 한다. 나도 궁금하여 지인들과 먹어봤는데 일반 돼지고기 부위별로 나오는 것과 비슷했다. 육류가 다 그렇지만 충분히 익혀서 먹겠다고 오래 구우면 육질이 굉장히 딱딱하고 질겨져서 맛이 없어진다.

경상도에서만 나고 자란 나의 보수적인 입맛으로는 아쉬움이 많아 다시 한번 도전해 보고 싶다. 지금도 한라산 목장엔 예쁘고 귀여운 말들이 초원에 한가로이 노닌다. 그리고 그 옆에는 말고기를 파는 식당이 있다. 나는 초원에서 풀을 뜯는 말을 보며 그 평화로움이 사랑스럽다는 생각까지 들게 한다. 그러면서 나는 또 말고기에 다시 도전해 보겠다는 생각을 한다. 참 나는 앞뒤가 맞지 않는 불완전한 인간인 것 같다.

돌하르방

제주 하면 나는 돌하르방을 연상한다. 제주공항에 내리면 돌하르방이 제일 먼저 여행객을 반긴다. 그리고 제주 어느 곳을 가도 돌하르방은 사람들을 반긴다. 그런데 제주의 돌하르방을 무심코 보면 그냥 푸짐한 인상의 돌조각으로 보인다.

제주에 있는 학교에 가보면 정문에는 2개의 돌하르방이 수문장처럼 지키고 있다. 그 모양은 같으나 손의 위치가 다르다. 돌하르방의 손 위치에 따라 신분이 달라진다고 한다. 먼저 오른손이 가슴 위로 올라가면 문신을 뜻하고 왼손이 가슴 위로 올라가면 무신을 뜻한다. 문무를 겸비한 훌륭한 인재가 되라는 돌하르방의 가르침에 제주의 학생들은 오늘도 돌하르방이 지키는 정문을 지나고 있다.

나는 처음에 이런 사실을 몰랐다가 이후에 알고서는 제주 어디를 가도 왼손 오른손 위치를 살피는 버릇이 생겼다. 엄격히 말하면 대부분의 외지 사람들은 잘 모르고 있어 자랑하고 싶었는지도 모른다. 아내에게 아는 척하며 자랑했다가 된통 구박을 받았다. 대한민국 사람 중에 그것을 모르는 사람은 나밖에 없을 것이라고 했다.

오늘도 감귤 모자를 예쁘게 쓰고 있는 제주공항 돌하르방이 생각난다. 함덕해수욕장을 지키는 태평성대 한 돌하르방도 멋지다. 요즘은 여러 다양한 포즈를 취하고 있는 재미있는 돌하르방이 많이 보는 이에게 즐거움을 선사한다. 수호신 돌하르방들은 제주의 건승을 위해 노력하고 있는 듯하다.

애월도서관

―

　햇살 따스한 한가로운 오후에 아메리카노 한 잔과 함께 나는 경주 송화도서관 귀퉁이에 자리를 잡고 있다. 오늘은 대학생 같은 젊은 친구들 몇 명만이 자리를 지키고 있어 창가 전망 좋은 자리를 차지할 수 있었다. 그리고 저물어 가는 가을의 정취를 창밖을 통해 감상한다. 집과는 40분 거리에 떨어져 있지만 내가 여기 자주 오는 이유는 우선 복잡하지 않기 때문이다. 또 독서실처럼 칸막이 형태로 되어 있어 나만의 오붓한 작업이 가능해서다.

　제주에서도 애월도서관을 1년간 이용했다. 3층 구조로 집에서

15분 거리 바닷가에 자리 잡고 있다. 창밖에 푸른 바다가 보이고 많은 도서가 있어 언제든지 열람할 수 있어 지역주민 남녀노소 제법 많은 사람들이 이용하고 있었다. 도서관 이용은 지역주민이 아니어도 누구나 가능하였는데 가끔 장애인들도 와서 그림책으로 공부하는 모습도 보여서 인상적이었다.

 나는 애월도서관에서 좋아하는 책을 읽기도 하고 글을 쓰면서 제주의 생활에 점점 빠져들었다. 그러나 좀이 쑤시면 애월도서관 옆 잔디로 꾸며진 축구장 트랙을 뛰기도 했다. 가끔은 어린아이들과 축구를 하면서 상큼한 바람을 맞기도 했다.

 제주 생활이 단순히 관광보다는 현지인의 실제 생활상을 보고 싶었다. 그리고 시간이 날 때마다 천천히 관광을 계획하였다. 제주에 입성 때부터 대형 제주전도를 방안에 붙여놓고 가본 곳은 표시해 두고 차츰 지리도 익숙해져 갔다. 애월도서관은 나를 제주에 익숙하게 해준 공간 중 한 곳이다.

 나는 애월도서관에서 내 생애 최초의 도서관 회원증을 만들었다. 제주를 떠나온 지금도 애월도서관에 행사 안내문자가 온다. 그럴 때마다 푸른 바다가 남실대는 창가에 앉아 책을 읽던 생각이 난다.

제주의 오름들

―

　제주에는 360여 개의 오름이 있는데 모두 기생화산이다. 한라산이 엄마 화산이고 오름은 새끼화산이라고 불린다. 오름마다 분화구가 있어 정상에 올라서 보면 움푹 파인 모습을 볼 수가 있다. 오름에 대한 호기심이 일어 처음으로 찾아간 곳이 가장 인기가 많은 애월의 '새별오름'이다.

　나는 오름이 신비로웠다. 봄에 찾은 새별오름의 모습은 조금은 황량하다고 할까? 인적이 드물고 조용하다. 억새가 아직 누렇게 옷을 입고 있어 제철이 아닌가 싶었다. 높이가 119m로 높지 않아서 주차장에서 20분이면 정상에 도달하여 누구나 쉽게 오를 수 있고 정상에 서면 아름다운 제주의 모습이 한눈에 내려다보인다.

오름에 대한 기대치가 컸던 탓일까? 정상에 올라서도 산이라고 하기엔 허전한 기분이 들었다. 주변 젊은 이들은 오름 정상에서 낙조를 감상하는 투어를 한다고 했다. 나도 기회가 되면 제주 오름만 투어해 보고 싶다. 이 글을 쓰고 있는 지금은 가을이다. 그곳의 가을은 어떨까? 궁금해진다.

경내를 거닐다

오랜만에 경주 천년 고찰인 기림사를 거닐었다. 물론 지금도 경내는 크다. 그러나 예전에는 기림사가 불국사보다 규모가 컸다고 한다. 나는 오래전부터 기림사를 자주 찾았다. 그런데 여러 가지 사정으로 한동안 찾지 못하다가 오랜만에 찾은 기림사는 감회가 새로웠다.

쌀쌀한 날씨 때문인지 오가는 사람은 없어 휑하다. 사찰은 온통 구절초와 국화, 맨드라미로 사찰의 마당을 정원으로 바꿔놓았다. 몇 년 전에 왔을 때는 경내가 온통 맨드라미로 붉은빛을 수놓았는데 이제는 더욱더 다양한 꽃으로 꾸며져 있었다. 아마도 절의 스님들이 꽃을 좋아하시나 보다.

내가 기림사를 자주 찾은 이유는 기림사가 경주 외곽지역에 있어 찾아오는 사람이 적고 한적하기도 해서 산책하기 좋았다. 더욱 가장 인상 깊은 것은 대웅전 앞마당이 넓어서 마당 벤치에 앉아 무상무념에 빠져 있을 때 편안한 느낌이 들었다. 그런데 어느 날 그 넓은 앞마당을 꽃으로 탈바꿈해 버린 것이다.

지금의 여러 가지 꽃들로 꾸며진 마당도 좋지만 사실 나는 예전의 넓은 앞마당이 그립다. 마당 가장자리에 놓여 있는 벤치에 앉아 있으면 산에서 내려오는 온갖 좋은 기운을 담는 것 같아 회사 생활의 스트레스를 날리고 나를 충전할 수 있는 것 같아 좋았다. 지금의 채워져 있는 모습보다 다 비워져 있던 그 넓은 경내가 개인적으로 나는 많이 그립고 아쉽다.

제주에는 유명한 사찰이 많다. 그중에서 제주의 중심사찰인 한라산 관음사는 일품이다. 삼나무가 일주문 양옆에 도열해 있고, 각기 다른 불상이 일렬로 배치되어 찾는 이를 환영하는 듯하며, 무엇보다 인기 드라마 「이상한 변호사 우영우」로 알려진 사찰이다. 드라마가 아니더라도 사찰은 이미 유명하다.

사찰 맨 위로 올라가면 야외에 미륵불과 만불상이 있는데 지형을 이용한 구도가 인상적이다. 크고 웅장하지 않아도 작고 아담하면서도 자연적이고 소박한 절이 나는 좋다. 나는 불교신자가 아니어서 법당에서 절을 하지는 않는다. 다만 사찰의 경내를 거닐면서 마음을 정리하는 것을 좋아한다. 그러나 마음 깊은 곳에서 애절하게 바라는 것이 있을 때는 나도 모르게 법당으로 들어가 삼배를 하곤 한다.

내가 광양에 근무할 때이다. 조직활성화 행사가 있어 대형 버스를 동원하여 야유회를 갔다. 장소는 전남 강진의 가우도, 섬 한 바퀴를 트레킹하는 행사였다. 우리 일행 100여 명은 삼삼오오 짝을 지어 기분 좋게 섬을 돌고서 끝자락에 다다라서는 막걸리 한 사발과 파전 한 조각씩을 먹었다. 우리나라 국민은 술 인심은 너무나도 후해서 주면 되돌아오니 많은 사람이 권하는 술을 받아먹다가 그만 기분 좋게 취하고 말았다.

우리는 가우도를 빠져나와 대룡사를 갔다. 그곳에 명당이 있다는 말에 가보았더니 많은 사람들이 줄지어 서서 참배를 기다리고 있었다. 나도 그 틈에 끼어 기다린 후 명당인 바위 굴속에 들어가 참배했다. 사실 나는 그때 자식의 학업 문제로 힘들어하고 있을 때였다. 술이 좀 취해서 그랬는지 명당이라는 말에 그곳에서 간절하게 빌고 또 빌었던 기억이 난다. 힘들어하고 있는 우리 자식에게 지혜와 용기를 달라고 잘되게 기회를 달라고 절절하게 기도했었다. 그곳이 명당이 맞기는 맞나 보다 하는 생각을 한다. 그 이후 우리 딸은 더 단단해져 힘든 것을 잘 극복하고 헤쳐 나갔다. 명당이 있는 절 대룡사도 나에게는 잊혀지지 않는 절이다.

그러고 보니 내일이 올해의 수능일이다. 다행히 날씨가 춥지 않다고 하니 수험생들에게 행운이 있기를 빈다. 아울러 내일 수능을 치는 조카가 대박 나길 빌어본다.

한반도 최남단 마라도

제주에 있으면서 머릿속에는 늘 마라도와 한라산이 자리 잡고 있었다. 한라산은 먼발치에서도 볼 수 있고 몇 년 전에 백록담 정상을 밟아서 그런지 가봐야겠다는 생각은 덜했다. 그러나 마라도는 미지의 섬이어서 꼭 가보고 싶었다. 이미 송악산 둘레길을 걸으며 멀리 아련히 보이는 마라도와 가파도를 언젠가 저 땅을 밟아보리라 마음먹었는데 드디어 그때가 왔다.

아내가 주말에 제주에 왔다. 매주 토요일에 와서 월요일에 돌아갔는데 집에 혼자 있으려니 적적하다니 말릴 수도 없었다. 우리는 마라도를 갈 방법을 알아본 후 마라도 선착장이 있는 대정읍 운진항으로 갔다.

한여름의 뙤약볕이 내리쬐는 8월, 마라도를 가는 길은 덥고 파도가 심해 배가 몹시 흔들렸다. 승객 중 몇몇은 구토를 하기도 하고 우리 부부는 멀미할까 봐 눈을 감고 빨리 마라도에 도착하기를 바랐다.

25분 정도 파도를 가르며 도착한 마라도는 사방이 탁 트여 시원한 바람이 불어왔다. 마라도를 한 바퀴 둘러보았다. 폐교된 학교에서 섬 아이들의 떠드는 소리가 들리는 듯하고, 아담한 교회는 섬사람들의 마음을 평온하게 해주는 기도가 들려오는 듯했다. 내가 이런 감상적인 생각에 빠져들기에 부족함 없었다.

지금까지 살면서 느껴보지 못한 외롭고 쓸쓸하고 고독하고 그러면서도 세찬 바닷바람을 이겨온 강인함에 경이로운 마음이 들었다. 섬 마라도는 신비로웠다. 제주라는 도시를 한마디로 표현하면 신비롭다는 표현을 아낄 수가 없다. 그래서 그런가, 제주에는 신비라는 말이 들어가는 곳이 많다. 그것을 살면서 이해했다.

마라도에 짜장면이 유명하다고 하기에 가게에 들러서 자연산 생선회를 곁들여 함께 먹었다. 짜장면에 톳이 더해져 별미다. 마라도니까 마라도라서 특별한 맛이다. 2시간 가까이 섬 둘레를 걸으면서 아내에게 여기서 6개월만 살고 싶다고 했다. 냉정한 아내는 딱 잘라 말했다. 나는 6일도 살지 못한다고……. 나를 나보다 더 잘 아는 아내 말이니 맞겠지. 그러나 조용히 사색하고 낚시를 즐기면서 유유자적하면 가능하지 않을까? 나는 철부지 소년처럼 또 꿈을 꿔본다.

자리돔 젓갈의 배신

제주에서 가장 많이 잡히는 생선 어종은 자리돔이다. 자리돔은 크기가 작고 뼈까지 부드러워 젓갈이나 물회로 많이 먹는다. 특히 젓갈은 인기가 좋아서 제주의 마트 어디에서든 쉽게 볼 수 있고 불티나게 팔린다.

내가 사는 애월 하귀리 마트에서도 자리돔 젓갈은 제일 좋은 위치에 진열되어 있고 생물은 어패류 코너에 산더미같이 쌓아져 판매되고 있다. 가격도 상당히 저렴하여 오천 원이면 제법 많은 양을 구입할 수 있다. 나는 자리돔을 생물로 찌개를 해보고 싶었으나 처음으로 대하는 생선이고 요리에 자신이 없어 사는 걸 포기했다.

그 대신 내가 좋아하는 젓갈을 사서 맛있게 먹으리라 기대하며 한 통을 사서 집으로 왔다. 그리고 병을 개봉하여 자리돔 1마리를 꺼내 본 순간 나는 기절할 뻔했다. 나를 쳐다보는 자리돔의 동그란 눈알이 살아 있는 듯 초롱초롱했다. 못 먹겠다며 사지 말라고 말렸던 아내에게 볼 낯이 없어 야심 차게 먹어보려고 그중 제일 작은 놈을 입에 넣고 씹었다. 식감은 부드러웠다. 그리고 달았다. 그러나 더 이상은 먹을 수 없었다. 자리돔의 그 싱싱한 눈이 자꾸 걸린다.

나도 참 우습다. 고등어, 갈치, 꽁치 등 온갖 생선을 다 먹으면서……. 오늘도 제주의 마트에서는 자리돔 젓갈이 인기일 것이다. 나는 처음 씹어본 그 느낌만 길이길이 간직하기로 했다.

산방산에 올라라~

 애월에서 일주도로로 서귀포 안덕면으로 진입하다 보면 전면에 웅장한 산이 눈앞에 나타나는데 그 유명한 산방산이다. 높이가 395m 아담한 사이즈에 모양이 돌망돌망 몽돌처럼 생겨 눈에 확 띈다. 안덕해변가에 있으며 마라도를 오갈 때도 선명하게 보인다.

 나는 여러 번 그곳을 갔다. 갈 때마다 정상을 올라가 보려고 했지만 길을 찾지 못했다. 한참 후에 알았다. 자연보호를 위해서 장기간 정상 탐방은 폐쇄되었다고 한다. 산방산에서 바라본 안덕해변은 아름답기 그지없다. 해변도 아름답지만, 주변 오솔길은 천천히 걸으며 생각하기에 안성맞춤인 곳이다. 급할 것도 없이 시간이 멈춰버린 듯 오로지 나만의 시간을 즐길 수 있는 곳, 그곳이 산방산이다.

 그리고 봄에는 노란 유채꽃의 향연이 펼쳐지는 곳이기도 하다. 여기서 한 가지 아쉬운 것은 유채꽃이 핀 곳곳이 사유지라서 사진이라도 찍기 위해 들어가려면 입장료를 내야 한다. 이런 것은 제주도가 관광객을 위하여 선심을 베푼다면 좋을 텐데 그것까지 돈을 받으니 좀 서운한 생각이 들었다. 한가로이 풀을 뜯는 말들, 노란 유채꽃, 들판과 돌담, 푸른 바다가 어우러져 한 폭의 풍경화가 그려지는 곳이다.

맛난 흑돼지 고기

　나도 이제 나이가 들면서 근육량이 줄고 피부에 노화가 찾아오니 육류를 몸이 받아들이는 횟수가 늘어나는 것을 느낀다. 물론 내 몸이 단백질을 많이 필요로 해서 저절로 입맛이 당기니까 그렇기도 할 것이다. 요즘은 쇠고기든 돼지고기든 매일 먹고 싶은 충동을 느끼고 실제로 자주 먹고 있다.

　제주 흑돼지는 제주를 찾는 사람들은 반드시 먹고 가는 단골 메뉴이다. 제주 음식 중 대표 음식이고 제주에 와서 흑돼지를 먹지 않고는 뭔가 허전한 느낌이 들 정도로 꼭 먹어야 하는 음식이다. 제주에서 여러 곳의 흑돼지를 먹어봤지만 가장 맛있게 먹은 곳은 애월항 근처 '그때 그 집'이란 허름한 작은 식당이다.

이곳은 외관과 달리 테이블이 몇 개 되지 않는다. 그러나 입소문이 나서 사람들이 많이 찾는다. 특히 고객의 다수가 젊은 층이다. 두껍게 썬 고기에 제주의 특산물인 고사리를 함께 철판에 익혀서 먹는 방식인데 누린내가 전혀 나지 않는다. 또 처음부터 김치찌개가 같이 나와 돼지고기의 느끼한 맛을 잡아가며 먹으니 고기를 많이 먹게 된다. 제주 흑돼지에 꼭 있어야 하는 게 젓갈이다. 특이하게 제주도는 고사리를 철판에 구워 흑돼지 고기와 곁들여 젓갈에 찍어 먹는다. 고사리를 돼지고기와 같이 구워 먹으면 여기가 제주구나! 새삼 실감하게 된다.

사실 이 식당이 아니어도 제주에 와서 돼지고기가 맛이 없었던 적은 한 번도 없다. 마트에서 파는 돼지고기를 사서 집에 와서 요리해 먹어도 희한하게 맛이 좋다. 아마도 청정지역 제주에서 자란 돼지라 그런가 보다. 또 제주 전 지역에서 무수히 자라는 고사리의 묵직한 맛도 일품이다. 아, 또 고기가 당긴다.

보말칼국수에 홀리다

　제주의 음식은 관광객들에게 여행에서 굉장히 중요한 부분을 차지한다. 왜냐하면, 요즘의 여행 트렌드는 보는 것과 함께 먹는 것이 중요하기 때문이다. 해외여행도 그 나라의 음식 맛집을 찾아서 다니고 자신의 유튜브에 올리고 그것을 본 다른 여행자가 또 그곳을 찾아가 보는 형식이다.

　나는 미식가도 대식가도 아니지만 맛있는 곳이라면 어디든지 가서 먹어야만 직성이 풀리는 타입이다. 돈이 좀 많이 들어도 개의치 않고 오직 맛이 있다면 먹어야 하고 성격이 급해서 어느 곳이 맛있다고 하면 참지 못해 바로 가서 먹어야 한다.

제주에서 1년간 생활하면서 제주의 별미를 꼽으라면 나는 단연 보말칼국수를 추천한다. 거창한 정식이나 육고기나 고급 생선도 아닌 그저 국수 한 그릇을 추천하느냐고 하겠지만 나에게는 그 국수 한 그릇이 가장 기억에 남는다. 음식을 가리는 체질은 아니지만, 특히 면류를 좋아해서 입맛에 맞았고 보말이라는 조개가 건강식이어서 더욱 끌렸는지도 모른다.

보말은 바다 갯바위에 붙어사는 아주 조그마한 조개인데 칼국수 재료로 쓰기 위해서는 많은 양의 보말 조개가 들어가야 한다. 그래서 조개를 채취하고 칼국수로 나오기까지 과정이 많은 시간과 정성이 필요한 메뉴이다. 어쩌면 그 공이 들어가는 정성에 맛을 더 느끼는지도 모르겠다.

애월 집 가까운 곳에 제주 토박이 아주머니가 혼자 작은 가게를 운영하는 곳이 있다. 이 식당은 보말을 듬뿍 넣어 갈색의 국물이 진하게 우러나고, 여기에 전복과 대게, 홍합 등 해산물을 넣어서 보말칼국수의 국물 맛이 끝내준다. 이렇게 맛있는 이유를 곰곰이 생각해 보니 식당 사장님은 제주도 토박이인데 어릴 때 자신이 먹어왔던 대로 부모님께 배운 대로 제주식으로 향토의 맛을 낸 까닭이 아닌가 생각한다. 또 다른 곳보다 재료는 푸짐한데 음식값은 저렴해서 단골이 상당히 많다. 주로 주변 제주도 분들이 많이 찾는 것 같았다.

인터넷에 맛집으로 소개되어 있지도 않았고 가게도 잘 보이지 않는 곳에 있는데도 어떤 때는 관광객이 여행 가방을 끌고 식당을 찾기도 한다. 그것을 보면 숨은 맛집임이 틀림없다. 나는 보말칼국수가 먹고 싶은 날은 어김없이 간판도 없는 이 가게를 찾았다. 인심 좋은 사장님은 특별서비스로 돔 생선을 구워 주기도 하였고 필요한 게 없는지 수시로 물어보는 등 손님들에게 각별하게 신경을 쓴다. 다음에 제주에 가면 꼭 그 보말칼국수 가게를 다시 찾아가 그 특별한 맛에 빠져보아야겠다.

산이 좋아 산에 간다

몇 해 전 다리를 다쳐 높은 산을 오르지 못한다. 그러나 회사 다닐 때만 하더라도 동료들과 아니면 혼자서 산을 자주 찾았다. 집과 가까운 곳 혹은 먼 곳 유명한 설악산, 지리산, 한라산까지 찾아다니면서 열심히 산을 올랐다. 산은 나에게 푸근한 고향과도 같은 존재다. 나의 고향 반야월은 대구 팔공산과 가까워 어릴 때도 산자락인 초래봉에 자주 오르곤 했다.

팔공산이 옛 고려 왕건과 관련된 이야기가 전해오는 명산이고 지역명에서도 왕건의 발자취로 내 고향 반야월(안심)도 그 유례로 이름이 지어졌다. 왕건이 공산전투에서 견훤에게 패하고 도망하던 차에 팔공산 아래 어느 마을에서 쉬던 중이었다. 마을이 좋아 마을 이름을 물으니, 농부가 그 마을 이름이 없다고 마을 이름을 지어 달라 했다 한다. 왕건은 밤하늘에 반달을 보고 '반야월'이라고 마을 이름을 지었다. 그리고 왕건이 도망친 후 안심되었다고 해서 '안심'이라고 했다.

나는 혼자서 팔공산을 자주 갔다. 정상까지 그다지 높지 않아서 하산까지 4시간 정도 소요되어 나에게는 운동 삼아 가기에 적당해서 좋았다. 무엇보다 고향 인근이라 그랬는지 팔공산은 언제나 푸근한 느낌을 주었다. 내가 혼자서 산을 오르는 이유는 머릿속에 잡념이 사라지고 오로지 산의 나무를 보고 새소리와 물소리를 귀로 감상하며 나의 정신을 깨끗이 목욕하는 기분 때문이다.

김밥 두 줄과 생수를 사서 가방에 넣고, 팔공산 동봉 정상에서 먹는 맛은 꿀맛이다. 회사생활 중에도 시간만 나면 직원들을 불러내어 산을 올랐다. 그 당시 TV 광고에서 회사상사가 주말에 젊은 직원들을 억지로 불러내 등산을 하는 꼰대상사가 나왔었는데, 그것이 바로 나였다. 지금 생각해 보면 어쩔 수 없이 따라나선 직원들에게 미안한 생각이 든다.

설악산을 금요일 퇴근 후 출발해, 다음 날 새벽 3시에 등산 문이 열리자마자 오르기 시작해 일출을 보고, 대청봉 정상을 오른 후 하산해서 포항으로 오면 저녁이 되는 무박 코스를 여러 번 하기도 했다. 지금은 추억이 되었지만, 지리산, 한라산, 눈이 덮인 소백산 등 잊을 수 없는 명산을 찾아서 떠났던 그때가 무척 그립다.

제주 한라산은 1년간 제주에 있으면서도 오르지 못했다. 하지만 예전에 정상을 밟았었기에 그 아름다운 백록담의 모습을 기억하고 멀리서 바라보며 아쉬움을 달랜다. 산은 오르지 못하지만, 올레길을 걸으면서 체력을 기르고 아름다운 제주를 감상하고 즐기는 방법으로 산을 오르고 싶은 마음을 대신한다.

제주는 해변 전체를 올레길을 조성하였는데 찾는 사람이 많고 가는 곳마다 이색적인 풍광으로 재미를 주고 신비로운 경치로 아름답다. 올레길은 평탄한 지형이 대부분이어서 초보자도 어렵지 않게 다닐 수 있다. 또 육지와는 다른 화산섬의 기이한 형상을 보면 시간 가는 줄도 모른다.

송악산 올레길을 바다를 끼고 걸으면 코와 입으로 들어온 맑은 공기는 나의 온몸을 정화시키는 것 같다. 가파도와 마라도가 지척에서 손짓하는 대표적인 올레코스이다. 주차장에서 사 먹는 고소하고 달콤한 곡물호떡의 맛도 그만이다.

늦가을의 정취

11월의 마지막은 겨울 동면의 시기로 접어드는 초입이다. 나뭇가지는 앙상하게 붙어 있고 온기와 냉기가 번갈아 우리 곁을 맴돈다. 며칠 추워지더니 오늘은 25도까지 올라가는 포근한 날씨다. 두꺼운 외투를 꺼냈다가 오늘은 다시 얇은 외투로 갈아입어야 했다. 기후가 지구 온난화로 날씨 예측이 어려워지니 우리 인간이 지구를 함부로 대한 대가를 혹독하게 받고 있는 것 같다.

예전에 포항은 오징어가 무척 많이 잡힌 곳이었다. 식당에 가면 밑반찬으로 나올 정도였지만 지금은 '금징어'란 신조어가 나올 정도로 구경조차 하기가 어렵다. 얼마 전 죽도시장에 오징어 가격을 흥정하다 기절초풍하는 줄 알았다. 통통한 놈 3마리가 오만 원이었다.

나는 내륙 농촌에서 자라서 처음 포항에 와서는 회를 잘 먹지 못했다. 그러나 포항에 위치한 나의 회사에서는 회식은 회를 자주 먹었다. 그래서 자연스레 처음에는 잘 먹지 못하던 회의 맛을 알게 되었다. 이제는 없어 못 먹는 회 마니아가 되었다.

회중에서도 오징어회를 특히 좋아했고 오징어 다리의 쫄깃한 맛에 매료되었다. 직장동료들과 퇴근 후, 회 한사라에 소주 한잔 하는 재미가 타향살이에 많은 위로가 되었다. 물에 비벼 먹는 포항 물회는 말하면 잔소리다. 포항은 바다를 끼고 있는 도시로 많은 횟집이 있고, 대표 시장인 죽도시장 수산물은 전국에서 손꼽히는 대형시장이다. 포항 특산물인 문어, 가자미를 비롯하여 전복, 낙지 등 싱싱한 횟감들, 반짝반짝 비늘이 빛나는 길쭉한 갈치, 살이 오른 통통한 고등어, 저렴한 소라류 등이 다양하게 유통되는 곳으로 이를 아는 전국에서 사람들이 몰려오는 곳이다.

나는 바다가 있는 포항에서 오래 살다 보니 이제는 회를 종류별로 다양하게 좀 먹어봤고, 그 참맛을 안다고 생각하는 사람이다. 그런데 제주에 와서 처음 먹어본 특별한 회가 있다. 모슬포항의 고등어회인데 살아 있는 고등어를 얇게 포를 떠서 먹었는데 그 고소함을 잊을 수가 없다. 흰살생선의 담백함과는 또 다른 고소함이 포항의 회 맛과 또 다른 맛이었다. 모슬포항의 그 고등어 횟집의 수족관에서 살아 있는 고등어를 본 것도 처음이었다. 제주의 자리돔 젓갈도 그랬지만 제주는 참 무엇이든지 벌떡벌떡 살아 숨 쉬고 있는 곳인 것 같다.

제주의 농촌

제주를 이곳저곳 돌아다녀 보니 농촌풍경이 좀 특징이 있는 것 같다. 서부와 동부는 생산되는 작물에 차이가 있다. 서부지역은 애월과 한림을 중심으로 콜라비와 브로콜리, 마늘, 수박 농사가 많고 동부지역은 표선, 구좌를 중심으로 무와 메밀 농사가 주를 이룬다.

나의 애월 집 앞마을은 바다를 옆에 두고 콜라비 농사를 짓고 있었다. 비옥한 토지에 푸르스레한 콜라비가 튼실하게 자라고 있었다. 도대체 무슨 작물인지 몰라 궁금했다. 나중에 알고 보니 '콜라비'라고 했다. 자료를 찾아보니 항암효과와 다이어트에 좋다고 한다. 내가 먹어보지 못한 식물이다. 제주도가 화산섬이고 해풍과 강한 햇살로 콜라비가 자라는 데 최적의 기후 조건이란다.

끝없이 펼쳐진 보랏빛 콜라비밭의 풍경은 어느 관광명소보다 멋지다. 제주를 여행하는 사람은 콜라비밭을 지날 때 잠시 차를 세우고 밭을 감상해 보라 말하고 싶다. 그 꿋꿋하고 튼실하게 올라오는 콜라비를 보면 희망을 잃은 사람은 희망을 다시 찾을 것 같고, 용기를 잃은 사람은 용기를 다시 찾게 될 것같이 대견하게 생겼다.

항산화 물질이 풍부하고 세계 10대 푸드에 당당히 이름을 올리고 있는, 대표적인 한국 아줌마 파마머리 모양과 같이 생긴 브로콜리, 나의 밥상에 자주 오르는 진짜 맛은 없지만, 꼭 먹어야 장수할 것 같은 그 농산물은 애월을 중심으로 펼쳐져 있다. 마트에서 그 몽글몽글한 모양만 봤지 그놈을 밭에서 보기는 제주에서 처음이었다.

육지에서 한 번도 보지 못한 농작물로 처음에는 가까이서 보고도 잘 몰랐다. 잎이 담배 같기도 해서 제주에서 담배 농사도 하는가 싶었다. 자세히 보니 커다란 잎 속에 브로콜리가 감춰져 있었다. 숨어 있는 세계 10대 푸드님을 보고 깜짝 놀랐던 기억이 난다.

제주의 끝없이 펼쳐진 마늘밭은 제주의 전형적인 돌담으로 둘러쳐진 곳에서 한 폭의 그림이 되어 자라고 있었다. 제주의 밭농사는 농작물과 함께 돌담이 정말로 아름다운데 세화리와 송당리 농촌은 돌담으로 유명하여 찾는 사람들로 붐빈다.

나는 시골 출신이라 그런지 농촌의 풍경을 좋아해서 알려지지 않은 곳을 다니며 감춰진 풍경을 눈으로 가슴으로 사진으로 많이 담았다. 제주를 떠나온 지금 가끔 사진을 둘러보면 어느 곳의 농작물이나 다 마찬가지겠지만 삶에 활력을 주고 내가 살아 있음을 느끼게 하는 생동감이 있어 좋다. 나의 애월 집 앞 밭을 지키고 있던 돌하르방이 생각난다.

귤 따 먹으며 즐기는 골프

골프에 대한 내 생각은 내가 하기에 가장 적당한 운동이라 생각하여 20여 년을 꾸준히 하고 있다. 좀 잘해보겠다고 연습장도 꾸준히 다니지만 운동 신경이 모자라서인지 기본기가 갖춰지지 않아서인지 아무튼 이것도 저것도 아닌 그저 그런 실력이다.

처음 시작은 주변 사람의 권유로 40대 초반으로 동년배 중에서도 빨리 입문한 편이다. 골프 예찬론자라고 스스로 자평하는데, 4명이 단체행동하는 운동이라 동반자와 장시간 호흡하며 이런저런 얘기로 정담을 나눌 수 있고 상대방에 대한 배려심이 필요해서 인생 공부의 축소판이라 감히 나름의 철학을 가지고 있다.

 골프 타수도 잘 나오다가 어느 순간 엉망이 되는 롤러코스터를 타기도 하고, 열심히 연습해도 필드에서는 실망하는 경우가 부지기수다. 20여 년을 한 지금도 이러한 과정이 반복되는데 나이를 먹은 지금은 조금 생각이 변하여 가능하면 동반자와 즐기자는 생각을 갖고자 노력한다. 골프는 욕심을 낸다든가 빠른 길을 가고자 무리하면 어김없이 나에게 철퇴를 가하고, 마음을 비우고 욕심 없는 길을 가면 그냥 보통은 되는 참 알 수 없는 녀석이다.

 제주에 있으면서도 골프는 늘 내 곁에 있었다. 표선 샤인빌파크CC의 아름다운 동백나무와 겨울에 빨갛게 핀 꽃이 어우러진 필드의 모습은 아름답기 그지없다. 특히 카트길 옆 감귤밭이 있어 귤을 따 먹을 수 있는데, 1월의 귤 맛은 너무나 달고 맛이 있어 골프는 뒷전이고 한 주머니씩 따서 포항으로 가져와 아내에게 내밀기도 했다.

 필드 양옆으로 드리워진 야자수, 여름 폭우 속에서도 비옷 입고 운동을 했던 일 등 제주에서의 운동도 잊을 수 없는 추억이 되었다. 운동 후 맛집을 찾아다니던 순간들은 제주의 골프장만이 가질 수 있었던 특권이 아닐까 생각된다.

독서의 가르침

책을 읽는다는 것은 마음의 양식을 얻고 내가 몸소 겪어보지 못한 것을 책을 통해 간접적으로 경험할 수 있다는 매력이 있다. 회사 다닐 때도 한 권의 책을 일주일에 볼 때도 있고 몇 주가 갈 때도 있었다. 매일 책을 읽지 않으면 앞의 내용을 잊어버리기 일쑤고 그러면 다시 앞장으로 넘어가서 다시 읽기를 반복하다 보니 책 읽기는 나에게 더디게 나아가는 일상 같았다.

이순신, 신사임당, 법정스님, 정약용 등 위인전과 어려운 인문학 서적들을 섭렵하며 나름 많이도 읽어 나갔다. 나이가 들면서 어려운 사상이나 과학, 철학 관련 서적은 이해하기가 어렵고 쉽게 포기할 듯해서 일부러 재미가 있는 서적을 읽으려 했다. 그것은 무엇보다 나이가 들어도 책을 읽는 습관을 버리지 말자 생각했기 때문이다.

제주에서 읽은 책 중에 가장 기억에 남는 건 이어령 교수님의 사후에 나온 『마지막 수업』이다. 말년에 교수님과의 대담을 책으로 엮은 내용인데, 교수님의 고차원적인 지식에 기초한 내용에 이해하기가 조금 어려운 점도 있었다. 그러나 교수님의 삶의 철학이 고스란히 담겨 있어 배울 점이 많았다.

특히 인상에 남는 구절이 "내 것인 줄 알았으나 받은 모든 것이 선물이었다. 인생은 파노라마가 아니라 한 컷의 프레임이다. 한 커트 한 커트 장면을 연결해 보니 파노라마처럼 보이는 것이다."이다.

나이가 들수록 가진 것을 내려놓아야 한다는 진리를 깨우쳐 주는 교훈이다. 그저 가슴이 멍할 뿐이다. 범사에 감사하다는 생각이 든다.

작은 영화관

'12 · 12'를 주제로 한 「서울의 봄」 영화를 관람하였다. 요즈음 영화는 주연 배우가 누구냐에 따라 인기가 있고 없는지 결정되는 것 같다. 이 영화는 우리가 대충 줄거리를 예상하고 결말도 알고 있어 재미가 없을 것 같았다. 그러나 주연인 등장 배우가 최정상급이라서 기대했다.

군인들과 군 장비가 등장하고 1979년 12월 12일 밤 동안에 일어난 일을 박진감 넘치는 스릴을 보여준 영화라 지루할 것 같았던 예상과는 달리 쫄깃쫄깃한 긴장감으로 시간이 금방 갔다. 최근 개봉된 국내 영화 중 관객 수가 월등히 많고 평가도 좋은 게 내가 느낀 평가와 다를 바 없구나 생각된다.

제주 한림읍을 여행하던 중 우연히 '작은 영화관'을 발견했다. 작은 영화관! 제주에 있는 동안 이곳이 나의 문화생활의 중요한 부분을 차지했다. 한림 작은 영화관은 한림읍의 상주인구에 적합하게 2개 실의 상영관이 있다. 실당 50여 명이 입장할 수 있으며 이용료도 도시의 1/2 수준으로 저렴하게 누구나 이용할 수 있도록 하고 있었다.

도시와 멀리 떨어져 영화를 보기에 불편한 주민들에게 한림읍에서 비용을 지원하는 형태로 운영된다니 한림읍 관계자들의 배려에 고마울 따름이다. 나는 하루에 두 편 관람할 때도 있었다. 나는 제주에 있는 동안 국내 영화 신편은 거의 모두 이곳에서 편리하게 또 알뜰하게 접수할 수 있어 행복했다.

우리나라 다른 농촌에도 이런 작은 영화관이 곳곳에 만들어 지면 어떨까?

아름다운 더럭초등학교

애월읍 하가리에 더럭초등학교가 있다. 사실은 애월 근처에 연화지가 있어 연꽃을 구경하러 갔다가 그곳에 더럭초등학교를 발견했다. '더럭' 참 신기한 말이다. 어감도 별나다. 그러나 학교를 처음 본 순간 너무나 아름다워 학교 안으로 들어가 보지 않을 수 없었다. 마침 여름방학이어서 학교 안은 텅 비어 있었다.

지금으로부터 79년 전에 설립되어 현재 전교생이 80여 명, 애월읍에서도 아주 변두리인 하가리에 있는데도 불구하고 이만한 학생 수가 있다니 신기했다. 이 학교는 한때 학생 수가 1명밖에 되지 않아 폐교 위기를 맞은 적도 있지만, 제주살이 이주민이 늘면서 학생 수가 꾸준히 늘었다고 한다.

세계적인 색채디자이너 장 필립 랑클로가 디자인해 제주도의 유명한 관광명소가 되었다고 한다. 조그마한 건물에 알록달록 무지갯빛 색상은 학교를 배경으로 관광객들이 사진을 찍을 수 있도록 포토존을 곳곳에 설치해 두었고, 개방시간도 정해져 있었다. 우연히 들리게 된 더럭초등학교는 아트 그 자체다. 여름이라 온 학교를 뒤덮고 있는 정원의 풀과 아름다운 꽃들은 나에게는 숨어 있는 보석 하나를 찾은 것 같이 기분이 좋았다.

초등학교도 관광지가 될 수 있다는 생각에 놀랐고 이런 건물에서 공부하고 가르치는 사람들도 행복하겠다는 생각도 들었다. 무엇이든 관광지로 만드는 제주도에 또 한 번 놀랐다. 더럭! 더할 가(加)의 '더'와 즐거울 락(樂)의 락(럭)이 합해져 즐거움이 더해진다는 뜻의 더럭초등학교, 자체만으로도 작품이다.

제주 마음샌드

아내가 포항으로 가기 위해 제주공항에 갔는데 공항 파리바게 트점에 사람들이 길게 늘어선 대기 줄이 눈에 띄었다. 무슨 일인가 싶어 줄을 선 젊은 부부에게 물었더니 '마음샌드'를 사기 위해서란다.

마음샌드! 파리바게트가 우도섬에서 생산되는 땅콩이 들어간 쿠키를 만들어 제주의 관광 상품으로 출시한 제품이다. 한 박스당 10개가 들어 있고 이용객이 너무 많아 한 사람당 두 박스만 살 수 있다고 하며 제주공항 파리바게트점에서만 팔고 있다.

　아내는 어떤 맛인가 궁금하다며 줄이 길어 그날은 살 수 없어 다음에 포항 올 때 마음샌드를 사 오라는 특명을 주었다. 이후 포항에 가기 전날 일부러 공항 파리바게트에 갔다. 하루에 두 번의 정해진 판매시간이 있어 기다렸다가 줄을 서서 두 박스를 구입했다.

　얼마나 맛있기에 이렇게 줄이긴가 싶어서 먹어봤는데 맛이 기가 막혔다. 땅콩 특유의 고소한 맛과 달콤한 맛이 더해져 일품이다. 제주에서 육지로 가는 공항에서 기념선물로 사 가도록 유도하고 제주의 특산물인 우도 땅콩으로 마케팅을 접목한 기발한 아이디어가 빛나는 제품이란 생각이 들었다.

　이렇듯 획기적인 발상으로 소비자의 마음을 빼앗을 수 있는 상품은 대박을 칠 수밖에 없다. 포항에서 나는 특산물인 시금치나 과메기, 문어를 이용하여 포항을 찾는 관광객의 마음을 흔들만한 상품을 개발하면 어떨까 생각했다.

애월 하귀리의 커피숍

제주는 전 지역 어디를 가나 커피숍(카페) 천국이다. 사실 제주뿐만 아니라 대한민국 전 국토에 카페가 우후죽순처럼 들어서 있지만, 제주의 카페는 육지와 조금 다르다. 육지의 카페가 웅장하고 고급진 반면에 제주는 아담하고 제주만의 멋을 그대로 살려 아기자기하게 꾸며놓은 카페가 많다.

농촌의 가옥을 아담하게 꾸며 부부가 소박하게 운영한다든지 바닷가에 머리를 길게 땋은 아저씨가 혼자서 서너 개 좌석으로 조그만 가게를 운영하면서, 그 가게만의 독특한 향의 커피 맛으로 손님을 맞이하는 카페도 있다.

애월 하귀리 바닷가 해변길을 걷다 보면 전통가옥의 형태를 그대로 살린 채 내부를 이쁘게 꾸며 젊은이들이 여기까지 찾아와서 기념사진을 찍고 커피를 즐기는 모습을 심심찮게 보았다. 특히 바닷가로 내려가면 아담하면서 소박한 커피숍이 많이 있다. 그중에서 하귀리에 특별한 곳이 한 군데 있다.

'애월 맛차'라는 곳인데 녹차밭 속에 조그마한 가옥을 커피숍으로 개조하여 운영 중이고 내부로 들어가면 녹차 향이 진동하고 녹차팥빙수의 맛은 무엇과도 바꿀 수 없는 별미 중의 별미다. 맛의 유혹을 따라 찾아가는 무리들! 언제 한번 제주에서 이색카페 투어를 해봐야겠다. 벌써 마음이 설렌다.

곶자왈의 숨결에 빠지다

제주에는 숲을 뜻하는 곶자왈이 유명하다. 용암이 흘러내린 지대로 생물이 살지 못하는 척박한 곳이다. 아무리 비가 많이 와도 지하로 흘러 들어가 홍수가 나지 않고 식물이 바위를 뚫고 살아서 신비로운 생명력을 보이는 곳이 곶자왈이다. 제주 여러 곶자왈 중 '환상숲'이 특히 인상에 남는다.

곶자왈은 그냥 보는 것으로 친다면 숲에 넝쿨나무 등 일반적인 육지의 숲과 다를 바가 없다. 하지만 숲 해설사의 설명을 들으면 곶자왈의 생성과 특징을 이해할 수 있을 뿐만 아니라 곶자왈에 대한 신비로움을 느낄 수 있다. 처음에 개발하신 분의 헌신적인 노력이 밑바탕이 되었고 수천 년 동안 이어져 온 자연의 신비를 설명 들으면서 걷다 보면 나는 어느 북유럽 동화 속으로 빠져드는 것 같았다.

특히 '환상숲 곶자왈'은 포항과 인연이 있는 분이고 아마 그래서 내가 더 인상 깊었던 모양이다. 제주의 대표적인 곶자왈은 '환상숲'과 '곶자왈 도립공원' 그리고 '조천 곶자왈'을 일컫는데, 그중에서 곶자왈 도립공원이 규모가 가장 크고 환경이 잘 정비되어 있다.

제주의 무분별한 개발은 안 되겠지만 제주 관광의 미래를 위해서 자연을 보호·보존하는 선에서, 곶자왈의 개발도 괜찮지 않을까? 바위를 뚫고 가지를 뻗은 생명력은 우리 인간에게도 시사하는 바가 크다. 고요하고 적막한 신비의 땅 곶자왈! 생명의 근원이 무엇인지 생명의 힘은 어디에서 오는 것인지를 세월을 거치면서 곶자왈은 우리 인간에게 말해주는 듯하다.

제주에서 뭉친 우리 가족

 부산에 있는 딸이 제주로 놀러 오겠다는 소식에 하루 종일 마음이 들떴다. 내가 제주에서 어떻게 지내나 궁금하기도 하고 딸도 나름 힐링이 필요하여 오겠단다. 어디를 데려가야 하나? 무엇을 먹일까? 있는 동안이라도 마음 편히 쉬다 가야 할 텐데, 오히려 걱정하고 있다.

 아내도 딸이 온다니 제주에 합류하였다. 딸이 좋아하는 음식 재료를 사고 예전에 고등어회가 맛있었다는 말이 기억나서 1시간을 달려서 사다 놓는 정성을 다하며 주말에 공항에서 딸을 맞았다.

 우리 세 식구가 각자 뿔뿔이 흩어져 있다가 가족 상봉이라도 하듯이 제주에서 모였다. 고등어회와 해산물이 맛있다고 먹는 딸을 보며 우리 부부도 덩달아 맛있다고 장단을 맞춘다. 이런 게 소소한 행복이 아닐까?

 다음 날 산책코스로 유명한 섭지코지를 갔다. 탁 트인 망망대해를 끼고 시원한 바닷바람을 맞으며 걷는 오솔길은 스트레스를 일거에 걷어낼 수 있는 곳으로 내가 제일 좋아하는 곳이다. 딸과 함께 걸으며 이런저런 얘기, 불평을 들어주며 최대한 딸의 기분을 맞춘다.

하는 일이 얼마나 힘들었으면 자투리 시간을 내어 여기까지 왔을까 생각하니 가슴이 짠하다. 이럴 때 부모가 어떻게 해주면 딸이 편할까? 딸과 보조를 맞추며 온갖 궁리를 짜낸다. 힘들게 직장생활 중인 딸을 보며 나도 젊은 신입 시절에 직장생활에 적응하지 못해 방황했던 때가 생각났다.

몇 년을 퇴사만 머릿속에 담은 채 세월을 보낸 적이 있어 딸의 마음을 이해한다. 지나고 보면 청춘일 때 누구나 한번은 겪는 반항심 같은 것일까? 시간은 모든 것을 자연스레 해결되게 하고 오히려 그 시절이 인생의 자양분이 된다. 그리고 모든 스트레스를 여기서 털어버리기를 바라며 우리 가족은 원 팀이 된다.

다음 장소로 오설록 녹차밭으로 향했다. 끝없이 펼쳐진 푸른 녹차밭 사이로 오솔길을 걸으며 맑은 녹차 향기를 들이켰다. 여기는 워낙 면적이 넓어 새싹 순을 어떻게 따는가? 궁금하여 직원에게 물었더니 모든 게 자동화가 되어 있단다. 바닷가 해풍을 맞으며 생산되는 녹차아이스크림의 맛이 유별나게 진하다.

새순을 따고 나면 또 다른 새순이 올라오듯이 우리 인생도 오늘이 과거가 되고 어둠이 지나고 나면 내일이 찾아오는 이치와 다름이 없다. 우리 가족의 사랑도 진한 녹차 향처럼 푸르게 푸르게 남았으면 좋겠다. 하루를 묵고서 떠나가는 딸을 보며 또 만날 날을 기약하였다.

제주행 비행기 수화물 소동

―

　제주에서 생활한 지 얼마 되지 않았을 때 아내가 주말에 제주로 오겠다고 한 날이다. 아내는 내가 객지에서 배를 곯지는 않는지 걱정되어 이런저런 음식을 만들어 포항공항으로 가서 수화물을 맡겼다. 포항공항은 수화물 안전검사를 위하여 맡기고 5분을 기다렸다가 보안검사대를 통과하라고 사전에 안내해 준다.

　그런데 잠시 후 아내 이름이 방송을 통해 나오며 수화물을 맡겼던 곳으로 오라고 해서 갔다. 수화물 중 돼지고기가 있는데 제주는 '돼지고기 특화구역'으로 육지의 돼지고기는 반입이 안 된다는 것이다. 많은 양은 아니지만 싸 온 것을 어떡하나 고민 끝에 돼지고기를 담은 찬 통을 공항 주차장에 세워둔 아내 차바퀴 밑에 두고 탑승하였다.

제주에 와서 이런 사정을 이야기하는데 우리 부부는 웃을 수밖에 없었다. 다음부터는 맛있는 흑돼지 고기를 사 먹지 이런 수고는 하지 말자고 우리 부부는 합의했다. 포항공항 차바퀴 밑에 둔 돼지고기는 어떻게 하였는지 궁금한 사람은 연락을 주면 따로 가르쳐 주겠다.

포항에서 제주로 가는 포항공항이 승객 편의를 위해 최고의 서비스를 꼽으라면 주차장을 무료로 한다는 점이다. 포항공항은 포항 시내에서 30분 이내 가까운 거리인데 타고 온 차를 공항 주차장에 세워두고서 제주를 여행한 뒤 포항으로 돌아와서는 바로 차를 타고 집으로 갈 수 있으니 편리하다.

물론 이렇게 할 수 있는 이유는 무료 이용이 되기 때문으로 이로 인해 승객도 늘고 공항도 활성화되어 지역민들이 편리하게 제주를 오갈 수 있게 되었다. 비록 하루 왕복 2회로 제한된 운항이지만 50만 도시에 이 정도만이라도 비행기를 운항한다는 것이 다행이다.

포항에서 45분 거리인 제주, 예전 출근길이 막히면 1시간을 넘기기 예사인데 그렇게 생각하면 제주는 지척이라고 할 수 있다. 만약 포항공항을 이용할 수 없다면 제주를 가는데, 얼마나 불편한가? 대구나 김해로 가서 가야 하는데 엄청난 시간과 비용이 들 것이다. 아름다운 제주를 가까운 이웃처럼 더 자주 갈 수 있으면 좋겠다. 그러나 돼지고기는 절대 안 된다! 나의 아내처럼 차바퀴 밑에 두고 오는 일이 생길 수도 있다.

동백꽃의 향연

겨울의 꽃 동백은 정열적이다. 매년 1~2월 제주는 붉은 동백꽃으로 취한다. 색깔 자체가 붉은 데다가 제주의 상징이다. 제주의 관광지 중 겨울철에 동백꽃을 만끽할 수 있는 곳이 휴애림 자연공원이다. 물론 제주에서는 동백꽃을 구경할 수 있는 곳이 많다. 그러나 이곳이 가장 잘 조성되어 있고 동백나무도 울창해서 가장 대표적인 동백 군락지이다.

비록 인위적으로 조성된 곳이지만 겨울 추위에 만개한 동백꽃을 보니 움츠렸던 마음이 꽃처럼 막 부풀어 오른다. 붉은 꽃길을 거닐며 제주인의 강인한 정신이 동백에 스며들어 있는 것 같다. 더불어 나도 겨울 추위에도 꿋꿋이 피어난 동백꽃의 정신을 닮으려 하는 것 같다. 그래서 사람은 무엇이든 많이 보고, 무엇이든 많이 듣고, 무엇이든 많이 배워야 하는 것인가 보다. 강한 것을 보면 강해지고 아름다운 것을 보면 따뜻해지고 즐거운 것을 보면 또 행복해지니까. 동백이 피는 계절에는 동백에서 강인함을 배우고 아름다움을 알고 행복한 마음을 간직해 본다.

4 장

부부

―

나는 1989년에 결혼하였다. 대구 총각과 포항 처녀가 만나 연애 기간을 거친 후 결혼에 이르렀다. 그리고 35년에 걸쳐 한집에 살면서 내가 광양근무 외에는 떨어져 살아본 적 없이 한 지붕 밑에서 같이 숨을 쉬고 함께 울고 웃으며 지냈다.

누구나 마찬가지지만 모든 것이 다르기만 한 남녀가 만나 같이 살다 보면 갈등이 생기지 않을 수가 없다. 우리도 좋을 때가 많았지만 때론 부부싸움으로 가슴앓이도 했다. 부부라는 울타리 안에서 두 사람이 늘 생각이 같으면 좋겠지만 의견이 일치하지 않을 때도 많았다.

좋은 가정을 만들어 가는 과정에서 서로의 의견이 달라서 어느 부부라도 부부싸움을 한다. 그러나 부부싸움 후에 얼마나 빨리 풀고 화해를 하느냐가 중요하다. 나는 성격이 섬세하여 이 문제가 쉽게 되질 않았다. 원인은 내가 고집이 세고 아내에게 나의 잘못을 인정하는데, 어느 정도 시간이 필요했다. 그래서 언제나 화해는 마음 넓은 아내가 먼저 손을 내민다.

 부부싸움의 종류는 다양하겠지만 주변의 경우를 보면 주로 자식 문제로 심각하게 다투는 것을 종종 본다. 자식 문제로 부부 쌍방의 의견이 갈라지면 대안 없이 참으로 난감하다. 내가 옳으니, 네가 옳으니 목소리만 높아지고 자식은 자식 대로 눈치를 본다. 그런 점에서 볼 때 우리 집은 자식이 특별히 속을 썩이지 않아서 지금까지 딸 문제로 싸운 적은 거의 없다. 부부싸움을 하다가도 오히려 딸 덕분에 화해가 되는 경우가 많았다.

 부부싸움에 있어 우리가 깨달은 것은 우리가 싸우면 자식이 금방 알아차리고 경계를 하는 눈치여서 부부싸움도 비밀리에 조용히 눈치채지 못하게 한다. 그래도 딸은 집안에 감도는 공기만 보고서도 금방 알아차린다.

 제주에서 아내가 포항 집으로 가기 위해 공항 탑승구로 들어갈 때 며칠 후면 만나는데도 왠지 허전한 기분이 드는 건 왜일까? 부부란 평생의 동반자이기에 한 사람이 곁에 없으면 반쪽이 빈자리가 되기 때문이다.

요즈음 황혼 이혼이 증가한다고 한다. 그렇게라도 하는 것을 탓할 수는 없지만, 열심히 가족을 위해 살아온 가장에게 너무 가혹한 현실이다. 나처럼 퇴직한 남자들은 아내에게 무조건 의지를 하기보다 스스로 가정의 소소한 일을 찾아, 할 수 있는 능력을 키워서 아내를 조금은 편하게 해주는 게 황혼 이혼을 줄이는 방법이 아닐까?

가정을 부부가 공동으로 이끈다고 할 때 아내도 나이가 들어 몸과 마음이 힘든 시기에 가사분담을 나누는 방식으로 남자가 좀 더 적극적으로 나서야 한다. 가사 일을 어떻게 해야 하는지 모른다고 할 게 아니라 한 가지씩 배워가면서 아내를 도와주는 방법이 현명하다.

오늘은 아내에게 어떤 저녁을 먹일까? 아내가 수십 년을 해온 고민을 내가 해본다.

내 생애 가장 행복했던 날

1989년 12월 25일 성탄절은 우리 부부가 크나큰 축복을 받은 날이다. 휴직한 아내와 성탄절 하루 전날, 우리는 시내 아기용품

점을 찾아 태어날 아기의 옷이며 양말 그리고 예쁜 신발을 사서 기쁜 마음으로 집으로 왔다. 그런데 다음 날 새벽에 아내에게 진통이 왔고 우리 부부는 새 생명을 맞았다. 성탄절에 태어난 딸의 생일은 모든 친지와 가족들이 잊을 수 없는 날이 되었다. 포항 S병원 분만실에서 아내가 아이를 출산한 후 내가 바로 아기를 보니 참으로 묘하고 이루 형용할 수 없는 기분이었다.

작고 꼬물꼬물한 것이 나의 자식이라니 믿기지 않았다. 간호사의 말에 따라 발가락과 손가락 개수가 맞는지부터 눈, 코, 입 등 살피는 데 초집중(?)했다. 나를 닮은 2세가 탄생했고 신기하기도 했으며 지금까지 겪어보지 않은 상황에 기뻐서 어쩔 줄 몰랐다.

장모님은 다니는 절에 가서 주지 스님으로부터 좋다는 몇 개의 이름을 지어 오셨다. 그러나 아내는 여러 가지 이유를 대며 마음에 들지 않는다고 했다. 결국, 우리 부부는 소중한 우리 자식의 이름을 소중한 각자의 이름자 중 하나씩 따서 이름을 짓고 출생 신고를 마쳤다. 주변 사람들이 부모의 이름을 따서 지었다고 의아해했다. 우리 부부는 개의치 않았다. 너무나 소중하고 귀한 자식이기에 우리 부부는 각자의 소중한 이름으로 딸의 이름을 지었다.

자식을 얻어야 비로소 어른이 되고, 세상은 새롭게 달라 보인다. 말과 행동이 조심스러워지고 나는 튼튼한 가족의 울타리가 되어야 한다는 책임이 나를 새로운 사람으로 바꿔갔다. 나의 생각, 나의 삶, 나의 가치관까지 바꾸어 놓은 그 자식이 이제는 결혼까지 했다. 또 한 고개를 넘었나 생각한다.

건강에 적신호가 켜지다

요즘 우리 세대에게 가정 중요한 것은 건강이다. 몸에 좋은 약이나 식품 등이 쏟아지고 사람들은 무병장수를 꿈꾸며 달콤한 유혹에 빠진다. 하지만 불로장생을 염원하던 진시황제도 50세에 죽은 걸 보면 인간은 한번 태어나면 언젠가는 자연으로 돌아가야 하는 건 진실이다.

나는 지금까지 특별한 질병을 겪은 적은 없다. 선천적으로 과식을 하지도 않아 소식과 채식을 즐기며 꾸준히 운동해서 건강이란 말을 무시할 정도로 무관심했다. 한 가지 걸리는 것은 회사 재직 시 동료들 그리고 지인들과 술자리가 잦았고, 담배를 15년이나 피워서 감점 요인이 되겠지만 그로 인해 문제가 발생하지는 않았다.

이렇듯 건강에 자신하던 중, 3년 전 종합건강검진에서 뇌에서 뇌동맥류가 발견되어 크나큰 충격을 안겨주었다. 치매를 앓았던 어머니의 유전적 기질이 걱정되어 아내의 성화에 못 이겨 처음으로 검사했던 뇌혈관에서 0.4cm 꽈리가 발견된 것이다. 뇌동맥류! 생소한 질병이고 나에게 이런 질환이 생겼다는 것에 많이 놀랐다. 건강검진 후 다음 날 바로 연락 온 담당 의사의 직통 전화에 깜짝 놀랐다. 생긴 모양이 좋지 않아 빠른 시술을 권유했다.

나에게 왜 이런 병이 생겼을까? 지금까지 부도덕한 짓은 하지 않고 착하게 살았다고 생각하는데, 별의별 생각이 다 떠올랐다. 앞으로 나에게는 어떤 일이 벌어질까? 걱정이 꼬리에 꼬리를 물었다. 병원에서 담당 의사의 설명과 치료방법을 들은 후 시술을 결정했다. 뇌혈관이 부풀어 오른 부위에 코일을 채워 넣는 '코일색전술'이란 시술 치료법이었다. 시술을 하기로 결정하고도 걱정은 떠나지 않았다. 지금까지 병원이라는 곳은 담을 쌓고 살아왔고, 은근히 건강을 과신도 했었다. 그런 나의 체면은 여지없이 깨진 채 침대에 누워 수술방으로 들어갔다. 근심 어린 아내의 얼굴을 뒤로하고.

사방이 환한 조명등과 여러 가지 기기들이 보이고 바쁘게 돌아가는 의료진들이 보였다. 나는 초조하게 침대에 누운 채 조용히 눈을 감았다. 어떻게든 되겠지. 반 체념을 하고서 전신마취하겠다는 말을 들은 후, 얼마나 시간이 흘렀는지 모르겠다. 눈을 떠보니 아직 수술방이었다. 잘되었다는 담당 의사의 말에 비몽사몽간에 안도했다. 침대에 누운 채 밖으로 나오는데 나도 모르게 저절로 아내부터 찾았다. 내가 가장 약해지는 순간에 내 곁에는 아내가 있었다.

나는 생각한다. 첫째, 건강검진을 때맞춰서 하고, 둘째, 생활습관을 규칙적으로 하며, 셋째, 나이에 맞는 적당한 운동을 하는 게 건강을 지키는 지름길이다. 운동이라고는 숨쉬기 운동밖에 하지 않는 아내는 요즘 어깨에 오십견이 와서 팔을 올리지도 못한다. 걱정이다…….

두 다리의 수난

사람이 일상생활을 영위하는 데 두 다리는 중요하다. 사람이 직립보행을 하는데 몸을 지탱하기 때문이다. 다리가 불편하면 몸의 중요기능을 잃게 되어 삶의 질은 나락으로 떨어진다. 나는 두 번의 다리 종아리 근육 파열로 다리의 중요성을 절실히 느끼고 있다.

첫 번째는 어느 가을 골프를 치던 중 왼쪽 종아리 근육이 터지는 사고가 났다. 왼발을 오르막 잔디에 디디는 순간 뚝하는 소리와 함께 왼쪽 종아리에 통증이 왔다. 처음에는 공에 맞아서 소리가 난 줄 알았다. 그래서 주변에 공을 찾았으나 보이지 않았고, 그 소리는 종아리 근육이 터져 나가는 소리였다.

그 당시 나는 처음 있는 일에 상황판단을 할 수 없었다. 괜찮아지겠지 하고 운동을 계속했다. 운동을 모두 마치고 집으로 왔다. 다음 날 병원을 갔는데, 검사 후 의사는 나에게 호통을 쳤다. 빨리 응급실에 왔으면 좋았을 텐데, 시간이 흘러서 종아리 근육이 절반 정도 터지면서 피가 내부에 많이 고였다는 것이다.

야간에 응급실 가기도 싫어서 일부러 다음 날 외래로 갔는데, 일찍 가지 않은 걸 후회했다. 왼쪽 다리를 허벅지까지 통깁스하고 목발을 짚으며 한 달을 지냈다. 출근과 퇴근을 아내가 도와주었고 사무실에서도 깁스한 나 때문에 직원들이 힘이 들었다. 나의 부주의로 인해 여러 사람이 힘들게 지내는 게 미안했다. 도시락을 싸 와서 점심 식사를 혼자서 먹고, 무엇보다 제일 힘든 것은 밖에 나갈 수가 없으니 하루 종일 사무실에만 있는 것이었다. 움직이는 것을 좋아하는 나는 몸이 근질근질하고 아무튼 4주의 깁스 착용 기간이 악몽 같았다.

이후로는 등산이나 무리한 운동은 자제한 채 골프만 쳤다. 그런 와중 아뿔싸 또다시 이번에는 다른 쪽 다리에 똑같은 종아리 근육파열이 일어났다. 왼쪽 종아리를 다친 후 1년이 조금 지난 시점에 이번에는 같은 골프장에서 오른쪽 종아리 근육이 터졌다.

사고 지점은 다르지만, 이번에도 우측 발로 오르막에 오르다 뚝 소리와 함께 통증이 왔다. 나는 저번에 다친 경험이 있어 운동을 중단하고 바로 병원으로 가서 응급처치를 받았다. 다행히 상해 부위가 작아서 반깁스하고 회사 출퇴근을 저번과 똑같이 했다.

 그 이후로 2년이 흐른 지금까지는 아무런 사고가 없고 늘 조심하며 운동을 하고 있다. 전문가의 의견으로는 종아리에 근육이 있으니 터진다는 설도 있고 뇌동맥류 혈전 방지용 약복용에 의한 부작용이란 설도 있다. 두 번이나 발생한 흔치 않은 사고이다 보니 듣는 사람들도 의아해한다. 두 다리에 상해를 입은 이후로는 너무나 좋아했던 등산을 하지 못해 취미 하나를 잃었다. 나이가 들면서 할 수 있는 운동이 점점 줄어드는 것 같아 서글퍼진다.

금연 성공!

 내가 담배를 처음으로 피운 건 군대에 가기 전이다. 군에 입대하기까지 몇 개월을 무료하게 시간을 보내던 중이었다. 당시 친구들은 이미 담배를 피우고 있었고, 같이 어울리다 보니 호기심이 발동하여 따라 하다가 애연가의 길로 들어섰다. 군대에 가서는 주변의 대다수가 담배를 피워 나도 그 대열에 동참했다. 그리하여 회사에 다닐 때 담배는 늘 나의 애용품이었다.

지금은 금연이 건강을 위해 당연시되어서 실내 흡연은 생각도 할 수 없는 일이지만, 예전에는 사무실에서도 담배를 피우던 시절이라 책상 위에 재떨이가 비치되어 상습적으로 피웠다. 비흡연자 그 누구도 이의를 제기하지 않던 애연가들의 황금 시절이 있었다. 사무실에서나 회식 때 식당에서 뿜어대는 담배 연기를 몸으로 들이며 나도 질세라 피워대며 담배를 늘 가까이 품고 있었다.

아내는 담배 연기를 극도로 싫어해서 집에서만큼은 아내의 눈초리가 무서워 절대 피우지 못했다. 몸에 담배 냄새가 배어 아내 잔소리가 무서워 집에서는 철저히 금연했다. 그렇게 담배를 피운 기간이 25년 정도 된다. 그동안 한 번도 금연을 시도해 본 적이 없었다. 그 이유를 굳이 변명해 보자면, 회사생활에서 직위가 올라갈수록 업무 성과에 대한 스트레스가 쌓였고, 나는 이를 담배로 해소했다. 무엇보다 나의 약한 의지가 원인이었다.

그렇게 담배와 끊을 수 없는 상황에서 아내와 딸로부터 합동 중대 제안을 받았다. 딸이 대학에 합격하면 담배를 끊어야 한다는 것이었다. 아내와 딸의 그 제안은 나의 건강을 위해서겠지만 딸을 사랑하는 아빠의 심리를 끌어내어 이참에 담배를 끊게끔 하자고 도모한 모양이었다.

나는 딸이 뭐라 하면 무조건 받아들이는 그야말로 딸 바보 아빠다. 아내와 딸의 협공에 거절할 수 없어 그 제안을 받아들였다. 그렇지만 큰소리는 쳐놓고 내심 금연에 대한 공포가 엄습했다. 왜냐하면, 주변의 여러 사람이 금연을 선포하고서도 실패한 경우를 많이 봐왔고, 무엇보다 내가 담배를 끊을 의지가 있는지부터 의심스러웠다.

드디어 딸이 원하는 대학에 합격했다. 약속대로 나는 금연을 위한 로드맵을 짜서 실행에 들어갔다. 약속은 지켜야 하니까. 먼저 오랫동안 담배에 절어 있는 상태라 나의 결심만으로 단번에 가능할지 걱정이 되었다. 그 결심이 며칠 못 가서 중단될 수 있기에 금단현상을 줄일 방법을 먼저 찾아야 했다. 그래서 금연에 성공한 주변인들의 자문받아 금연의 대장정에 들어가기로 했다.

내가 금연하는 데는 가족의 전폭적인 지지를 받았다. 여기서 실패하면 끝이라고 생각했다. 가장 최악의 상황인 술자리를 줄이고, 담배 생각이 날 때면 운동을 하면서 체내 찌꺼기를 배출하고자 했다. 주변의 지인들은 나를 보고 "인간이 아니다. 독하다!"라며 놀리곤 했다.

나는 가족과의 약속을 지켜야 했기에 어떻게든 해내고 싶었다. 처음에는 한 달만, 그리고 3개월만, 그리고 6개월만, 끝으로 1년까지만 기간을 끊어가며 견디면 성공한다고 믿었다. 그렇게 나 자신과 싸움을 하며, 절대로 담배는 보지도 말고 만지지도 말자며 마음을 다잡았다.

그렇게 힘든 1년의 금연을 이룬 후, 지금까지 16년이 흘러 금연에 성공하였다. 나는 몸도 마음도 한층 맑아졌다. 내 금연의 가장 힘든 시기는 1년을 버티는 것이었다. 내가 그때 그런 결심을 하지 않았다면, 그때 가족이 나에게 제안을 하지 않았다면, 지금의 내 모습은 어땠을까 상상이 되지 않는다.

금연했다 하더라도 그동안 흡연해 왔던 흔적은 몸에 남는다고 한다. 그만큼 흡연은 몸에 주는 폐해가 크다. 오랜 기간 흡연을 한 만큼 흔적을 없애는 데도 흡연했던 만큼의 기간이 걸릴 것이라 생각한다. 요즘 청소년들의 무분별한 흡연이 경험자로서 걱정된다.

사전 연명의료 의향서

나이가 들어갈수록 주변의 지인들도 고령자가 많아지고 여기저기 아픈 사람이 늘어난다. 인간에게 노화는 자연스러운 현상이고 그로 인한 병치레는 어쩔 수 없는 일이다. 나도 그 슬픈 상황에서 벗어날 수 없다. 나이가 들수록 병과 가까운 동반자가 되어 살아가야 함은 받아들이고 싶지 않지만, 인정하고 살아가지 않을 수 없다.

어쩌면 내 의지와 상관없이 요양병원에서 생을 마칠 때까지 지내야 하고, 갑작스레 중병에 걸려 하루하루 암과 사투하며 끝 날을 향해 고통의 길을 갈 수밖에 없을 것이라는 생각도 했다. 그러나 지금은 건강에 대한 경각심을 가지고 몸에 좋은 음식 찾아 먹고 몸에 이로운 건강 보조식품들로 노화를 늦추고 있다. 한번 암에 걸리면 죽는다고 했으나 지금은 항암 치료에 획기적 수술방법과 신약들의 개발로 생명을 연장하여 환자의 생존율을 높이고 있는 것도 사실이다.

어쨌든, 우리에게 시간은 멈추지 않고 흘러가고 있다. 지금 이 순간이 남은 내 생애 가장 젊은 날이다. 그래서 나는 언젠가는 다가올 내 생의 마지막을 멋있게 마무리하고 싶다고 생각해 왔다. 무슨 영웅 심리에 그러는가 싶기도 하겠지만 그런 뜻은 추호도 없다.

주변의 지인들이 병마와 싸우며 고통스러워하는 것을 많이 봐 왔다. 그들은 오랜 기간 질환에 시달리는 가족에게 미안해하고 본인도 무척 힘들어했다. 지금까지 가족을 위해 열심히 일했는데 내가 병이 들었으니 가족들이 간호해 주면 어떤가 싶지만, 내 생각은 좀 다르다.

나는 내 삶을 사는 것이고 가족은 가족 각자의 삶을 살아가는 것이다. 그래서 이제는 많은 사람들이 의학적으로 더 이상 생을 연장시킬 수 없을 때, 연명을 포기하도록 사전에 약정하고 있다. 현재까지 200만 명이 서명하였다고 하고 나도 그 대열에 동참했다.

나는 오랜 시간 심사숙고 생각했고, 결심이 끝난 어느 날 포항성모병원을 찾았다. 신청 당일 나의 면담을 담당한 수녀님은 나에게 "어떤 계기로 이런 결정을 하게 되었냐?"고 물었다. 나는 "그것이 무슨 이유가 있어야 되는 것이냐?"고 되묻는 대답을 했다. 그랬더니 수녀님은 내 마음을 다 알겠다는 듯 살포시 미소를 지으셨다.

우리 집 보배 1호

우리 집에는 특별하고 소중한 보배가 있다. 우리 부부의 하나밖에 없는 예쁜 외동딸이다. 눈에 넣어도 아플 것 같지 않은 예쁘고 사랑스러운 딸이다. 지금까지 35년간 우리 부부를 지탱해 온 원동력이 우리 딸이란 걸 부인할 수 없다.

그런 딸이 어느 날 사랑하는 사람을 데리고 집에 왔다. 결혼 적령기가 꽉 찬 나이여서 기쁘기도 하고 한편으로는 서운하기도 했다. 우리 곁에 오래도록 있을 것만 같았고 그동안 한 번도 결혼하겠다고 말한 적이 없었던 아이다.

하기야 대학 졸업 후 이어진 직장 일이 무척 고된 일이어서 결혼은 엄두도 낼 수 없었을 것이다. 남자 친구를 사귈 여유도 없을 것 같아서 아예 묻지도 않았고 그저 체념한 상태였다. 그런 아이가 남친을 데려온다니 그놈(?)이 누굴까? 나는 무척 궁금했다. 아내는 질문지까지 작성해 단단히 벼르고 있었다.

나의 보배가 데리고 온 청년은 싱그럽고 다정다감한 청년이었다. 청년을 보는 순간 나와 아내는 질문이고 뭐고 단번에 OK 해 버렸다. 착하고 잘생기고 똑똑하고 예의 바른 청년이었다. 곧바로 둘은 결혼 준비에 들어갔다. 두 아이는 참으로 지혜롭고 예쁜 아이들이었다. 둘의 결혼식에서 내가 한 것이라고는 멋진 양복을 한 벌 맞춰 입은 것, 아내는 고운 한복을 한 벌 맞춰 입은 것밖에 없다.

나는 딸을 기르며 오랜 시간 딸의 결혼식장에 딸과 같이 입장하는 것을 꿈꿔왔다. 그러나 딸은 신랑과 같이 동등하게 입장하겠다고 했다. 나는 처음에 좀 서운했다. 그러나 가만히 생각해 보니 내가 딸을 당당하게 잘 기른 것 같다는 생각을 했다. 그리고 딸은 아빠인 나에게 축사를 부탁했다. 나는 두말없이 또 OK 했다.

축사

안녕하십니까? 반갑습니다.
저는 오늘의 주인공인 아름다운 신부 박병화의 아버지 되는 박병창입니다.
우리나라 최고의 도시 부산 이곳 해운대에 바쁘신 가운데에도 저에게 소중한 두 사람의 결혼을 축하해 주기 위해 귀한 발걸음해 주신 양가 친척분들과 하객 여러분 그리고 신랑, 신부의 친구 동료분들께 깊은 감사를 드리며 이 두 사람에게 아낌없는 박수를 부탁드립니다.
아울러 신랑 일환 군을 훌륭하게 키워주시고 저희 새 식구로 맞이하게 허락해 주신 사돈께 깊은 감사를 드립니다.
그리고 금지옥엽 귀한 딸을 낳아 하루하루 노심초사 걱정하며 길러주고 오늘 이 자리까지 오게 해준 저의 아내 김미화 씨에게도 고맙다는 말씀을 전합니다.
축사를 해보겠다고 공언해 놓고 무슨 말을 해야 하나 많은 날을 고민했습니다.

아버지로서 또 인생 선배로서 보탬이 되는 말을 해야 할 텐데, 혹시나 실수하면 어떡하나 걱정도 했습니다. 하지만 오늘 결혼을 하는 두 사람에게 꼭 전하고 싶은 말이 있어 용기를 내었습니다.

먼저 딸!
아빠는 네가 나의 자식으로 태어나 주어서 크나큰 축복이었다.
지금까지도 너는 우리에게 하나밖에 없는 귀한 자식이며 보배 중의 보배다.
부모로서 여유 있고 넉넉하게 해주지 못했는데 너는 언제나 너에게 주어진 일을 최선을 다해 노력해 주었고 힘든 것도 잘 헤쳐 나가서 너를 기르며 아빠는 늘 자랑스러웠다. 고맙다.
무엇보다도 고마운 것은 나도 그랬지만 세상의 모든 자식들을 보면 엄마와 친하고 엄마를 더 좋아하는 경우가 많은데 너는 아빠를 더 사랑해 줘서 고맙게 생각한다.
앞으로도 쭈욱 그래주길 바란다.
그리고 사위!

우리의 소중한 딸과 평생의 반려자가 되어주어서 고맙다.
딸이 소중한 만큼 이 시간 이후부터 너도 우리의 소중한 자식이 되었다.
우리 집의 새 식구가 된 것을 환영한다.
아들이 없는 나는 사실 좀 설레고 든든한 느낌이 든다. 우리 잘해보자!
이제 너희 두 사람은 많은 사람들의 축하 속에 부부가 되었고 잘 살아야 되는 의무가 주어졌구나.
너희들보다 일찍 세상을 경험한 내가 해줄 말이 몇 가지 있다.

첫째, 서로 상대방을 무한 신뢰하고 배려하는 마음을 가졌으면 좋겠다.
전혀 다른 환경에서 어느 날 갑자기 부부가 되어 가정을 꾸리다 보면 의견이 달라 갈등이 있을 수 있다.
그럴 때 화해를 어떻게 하느냐가 정말 중요하더라.
그럴 때는 상대방의 입장에서 생각해 보고 대화하면서 한 발짝 물러나 나를 뒤돌아볼 수 있기를 바란다.
둘째, 2세를 빨리 출산했으면 한다.

저출산 고령화 사회에서 자식을 낳는 것은 국가에 충성하는 것이다.

또 너희들처럼 선남선녀가 아기를 낳으면 얼마나 귀하고 사랑스럽고 예쁘겠느냐?

무엇보다도 우리 집은 무남독녀 외동딸 너 혼자뿐이어서 그러니 대가 끊어지지 않게 해주었으면 좋겠다.

셋째, 이웃을 사랑하며 주변에 베푸는 인생을 살았으면 한다.

아픈 사람, 힘든 사람, 어려운 사람에게 손을 내밀수 있는 마음이 넉넉한 부부가 되었으면 좋겠다.

이제 아빠는 짝을 찾아 서로에게 든든한 힘이 되어줄 너희들을 보며 뿌듯한 마음이 든다.

언제나 너희들이 행복할 수 있도록 기도할 것이다.

평생 잊지 못할 이 순간 내 생애 최고로 행복한 날 오늘을 기억할 것이다.

소중한 나의 자식들 결혼을 진심으로 축하한다.

그리고 고맙고 사랑한다.

감사합니다.

지금 이 글을 다시 보니 가슴이 뭉클하고 딸이 결혼하던 그날의 감동이 밀려온다. 아버지란 어떤 존재이고 자식에게 비친 모습은 어떤지 모르겠지만, 어렴풋이 느껴지는 것은 가슴 꽉 찬 무조건적 사랑으로 이 두 사람을 대하는 마음이 아닐까? 세상 모든 아버지도 나와 같은 마음일 것이다. 세상일이 힘들고 고달파도 둘이 손잡고 잘 헤쳐 나가리라 믿는다. 그 대신 나는 죽는 날까지 그 아이들의 길잡이 등불이 되어줄 것이다.

미안하다, 고마웠다, 사랑한다

저녁을 먹고 노트북을 펼친다. 무엇을 쓸까 고민하다가 나도 언젠가는 세상을 하직할 텐데, 그때를 대비하여 유서를 미리 써 놓는 것도 괜찮다는 생각이 들었다. 사람은 어느 순간 어떻게 될지 모르고 내일을 모르는 게 인생사다.

"미안하다. 고마웠다 그리고 사랑한다." 어느 드라마의 명대사다. 내가 가장 하고 싶은 말이고 남기고 싶은 말이다.

우리 가족! 내가 가장이라는 자리에서 제대로 역할을 하지 못한 것 같아 미안하고 우리가 가족으로 만나게 된 것을 고맙게 생각한다. 지금까지 내가 편안하고 걱정 없이 살 수 있도록 보살펴 준 우리 가족에게 고맙다는 말을 전한다.

나는 고백한다. 내가 우리 가족으로부터 받은 사랑이 너무나 무한해서 감히 그 크기와 깊이를 가늠할 수가 없다. 하지만 나는 우리 가족에게 사랑을 주는 데 인색했던 것 같다. 받기만 하였지 주지 못한 건 나의 큰 실수요 불찰이었다.

아내에게 용서를 구합니다. 남편으로서 모자람이 많았고 당신을 이해하는 데 많이 부족했어요. 그러다 보니 포용심보다 독단을, 우리라는 울타리보다 나만의 이기심이 강했습니다. 당신은 늘 나를 이해하려고 노력하였고 결국에는 나를 지지해 주었어요. 반면에 나는 늘 승자의 위치에 서서 비굴하게 군림하며 살았어요.

나의 잘못을 지금에 와서 어찌하리오만 생을 마치는 지금에 야 할 수밖에 없는 참담한 심정을 마지막으로 이해를 해주면 고맙겠습니다. 부탁합니다. 긴 세월을 같이 살면서 당신에게 나는 받기만 하였지 베푸는 건 인색했어요. 이제는 줄 것도 없고 줄 수도 없어 더 안타깝습니다. 그동안 힘들게 해서 미안합니다. 그리고 용서해 주세요. 나의 빈자리를 잘 채워주길 바라요. 마지막까지 부탁만 드리네요. 미안합니다.

우리 딸! 너무 예쁘고 귀하고 우리 집의 보배 나의 분신! 너를 생각할 때면 나는 늘 가슴 한구석이 찡한 전율이 느껴진단다. 아버지로서 해준 게 없다 보니 미안함이 앞선다. 예전에 내가 화를 참지 못하고 아빠로서 보이지 말아야 할 모습을 보여서 지금까지도 후회하고 있단다. 미안하고 또 미안하구나. 너는 나를 닮지 않고 엄마를 닮아 다행이라 생각해 왔다. 지금까지 해왔던 것처럼 앞으로도 잘하리라 믿고 또 믿는다.

아빠는 흐르는 세월 속에 지나가던 하나의 흔적으로 생각해다오. 그리고 엄마를 보살펴 주면 고맙겠다. 우리 가족의 만남이 나에게는 행운이었고 축복이었다. 앞으로 또 인연이 된다면 다음 세상에서 만나지 않을까?

마지막으로 한 가지만 부탁합니다. 나의 몸은 소중하므로 나의 마지막 옷은 평소에 입어 보지 못한 값비싼 수의는 원하지 않습니다. 내가 평소에 잘 입었던 양복으로 입혀주고 화장해서 가족 가까운 곳에 뿌려주십시오. 그리고 비석이나 흔적 따위는 남기지 않기를 간절히 바랍니다. 이것만은 꼭 지켜주시면 저 멀리 가서도 고마움을 잊지 않겠습니다. 그리고 보잘것없는 나의 육신이지만 혹시 필요한 사람이 있다면 나눠주고 싶습니다. 아픈 사람들에게 주고자 '장기기증'을 하였으니 부디 나의 뜻을 꼭 따라주면 좋겠어요. 우리 가족! 미안하고 고마웠습니다. 그리고 많이 많이 사랑합니다.

헐! 유언장을 쓰고 나니 눈물이 난다. 남은 세월 제대로 잘 살아야겠다.

눈물의 의미

사람은 기쁠 때나 슬플 때 눈물을 흘린다. 눈물은 그 사람의 내면에 감춰진 감정을 바깥으로 표현하는 최후의 수단이다. 피도 눈물도 없는 사람을 비열한 사람이라고 말들 하지만 눈물이 없는 사람은 이 세상에 존재하지 않는다고 믿는다.

부모님이 돌아가시거나 가족이나 가까운 지인이 돌아가시면 누구나 슬피 운다. 여기서 눈물은 마음에서 진정으로 우러나오는 진액인 것이다. 또 안타까운 일이 있거나 즐거운 일이 생겼을 때

뜨거운 눈물을 쏟는다.

　가슴을 누르는 감정선을 타고 흐르는 눈물에 나는 애틋한 마음을 가눌 길 없다. 왜 울어야만 하는지 그렇게 함으로써 위로가 되는지는 모르나 사람이기에 감정의 동물이기에 자연스레 몸과 감정이 반응하여 눈물을 흘리는 것이다.

　남편의 몸이 좋지 않아 안타까움과 애처로움에 한숨과 눈물이 나는 건 분명 한평생 살아온 동지로서의 눈물이 자동 반사적으로 나타난 것이리라. 몸이 나아지리라 희망을 안고서 오늘도 길을 걷는 모습에 오히려 할 말을 잃고 숙연해진다.

　말로써 다하지 못함을 눈물 한 방울로 대신하는 것이 인간이다. 나도 부모님이 돌아가셨을 때 많이 울었던 기억이 있다. 아버지 때도 그랬고 어머니 때도 많이 울었다. 어려서이기도 했겠지만 나를 보호해 줄 울타리가 없어졌다고 겁이 나서 울었을 수도 있다.

　그리고 딸이 원하던 학교에 합격하였을 때도 그랬다. 객지에서 힘든 시기를 여러 해 지내며 누우면 발이 닿을 정도의 빠듯한 공간에서, 반드시 해낼 것이라는 희망으로 노력해 온 결과가 나왔을 때, 우리 부부는 함께 눈물을 흘렸다.

또 내가 36년간 회사생활을 마치고 퇴임사를 하고 집으로 오던 길, 오랜 세월의 회한으로 울컥하며 눈물을 막을 길이 없었다. 아이의 결혼식 때도 축사를 하며 딸과 함께 울 수밖에 없었다.

그렇듯 눈물은 사람의 인생사 고비마다 나타나며 그 의미가 다양하게 내포되어 있다. 눈물은 흘리고 싶다고 흘리고 싶지 않다고 해서 뜻대로 되지 않는 게 눈물이다. 그러니 눈물이 나면 실컷 울어버리자고 나는 말한다. 눈물을 생각하는 가슴이 찡한 오늘도 밤을 설칠 것 같다.

35년 전 그 자리에서

도구 집으로 온 지 며칠 지나 이제 적응이 조금 된 듯한 느낌이다. 겨울 햇살이 거실을 비춰 온기를 더하고 바깥 창을 통해 세상은 언제나 움직인다는 걸 알게 된다. 허리가 굽은 동네 할머니가 끌차를 힘겹게 밀고 바다 쪽으로 가고 고삐가 풀린 강아지는 주인 할머니를 졸졸 따른다. 파크골프장은 노인들도 힘차게 배트를 휘두르며 푸른 잔디를 걷는다. 집 앞 냇물은 저 멀리 산에서부터 흘러 내려와 이제 종착역인 바다를 눈앞에 두고 힘차게 흐른다.

마실 카페! 집 앞 냇가 옆에 마실 카페란 커피점이 있다. 집 앞 마실 카페에서는 젊은 부녀자들이 삼삼오오 이야기를 나누고 있다. 날씨가 따뜻해지는 정오가 지나면 마을 어르신들도 마실 카페로 모인다. 바깥 의자에 앉아 커피를 마시며 담소하는 모습이 정겹다. 오늘은 논을 갈아서 물을 가두어야 하나, 밭에 마늘을 심어야 하나, 시금치 씨앗을 심어야 하나, 비닐하우스를 손봐야 하나 농사 정보를 서로 나눈다. 도시에서는 어림도 없는 풍경이지만 여기서는 집 베란다로 늘상 볼 수 있는 흔한 모습이다.

　그 옛날 회사 당직을 서고 나면 다음 날 아침 퇴근하게 되는데, 오전에 자고 나서 일어나 거실에서 베란다 밖을 바라보곤 했다. 그냥 시골 풍경, 지나가는 농촌 사람들, 비행기 굉음 소리, 어쩔 땐 초등학생이었던 딸이 수업을 마치고 집으로 걸어오는 모습이 보였다. 길을 걷다가도 무엇이 그렇게 신기한지 주변의 모든 것에 관심을 보이며, 걷다가 서서 무언가를 하고 또 몇 발자국 걷다가 멈추고, 그 몸짓을 창을 통해 보고 있노라면 웃음이 나오고 참 사랑스럽고 귀여워 한참을 지켜보았다. 저러다 집에는 언제 올지……. 기다리다 애가 타서 창문을 열고 "빨리 와!" 소리치면 딸은 "아빠!" 하고 소리치며 달려온다. 어깨에 메고 있는 가방은 머리 위까지 출렁출렁 올라갔다 내려왔다 한다. 숨을 헐떡이며 현관에 들어선 딸, 부녀지간 상봉이 절절하고 눈물겨웠다.

　세월이 흘러 하얗게 센 머리로 오늘도 창을 통해 딸이 오기를 기다려 본다. 지금도 그때처럼 사람들은 바닷가로 향해 걸어가고, 시냇물이 졸졸 흐르며, 변함없이 비행기 굉음 소리는 들린다. 그리고 보면 이곳은 참 답답할 정도로 변하지 않은 곳이다. 그래서 느리게 살아가고 있는 나에게 딱 맞는 곳이 되었다.

마른하늘에 날벼락

2017년 11월 15일 오후 2시 29분, 포항에서 발생한 규모 5.4 지진은 우리나라에서 두 번째로 규모가 큰 지진이다. 최초 지진이 발생한 날은 회사에서 근무 중이었다. 사무실 천정이 흔들리고 바닥이 흔들려 정신을 차릴 수가 없어 '지진'이라고 소리치고 직원 모두가 급히 책상 밑으로 숨어들었다.

당시 지진의 영향으로 일부 노후된 아파트가 금이 가고 기울어져 하루아침에 체육관에서 수용시설 생활을 해야 하는 사람들이 발생했다. 우리 집도 벽체에 약간의 금이 갔다.

첫 지진이 일어난 며칠 후, 그날은 휴일이었다. 나는 골프 연습장 2층에서 또다시 끔찍한 지진을 경험했다. 갑자기 건물 전체가 흔들거리고 순간 어디로 피신을 할까 하다가 타석에서 실내로 들어가 탁자 밑으로 들어갔다. 너무나 갑자기 순식간에 일어난 일이고 집에 아내가 걱정되어 바로 전화하니 아내는 잔뜩 겁에 질려 나에게 빨리 집으로 들어오란다. 죽더라도 같이 있자는 것인가 보다.

그리고 매스컴에 지진 소식이 알려졌다. 서울, 대구 누나들의 걱정스러운 전화가 울려댄다. 나는 내가 사는 이곳이 연이어 지진이 일어나는 것에 앞으로 무언가 큰일이 벌어질 것 같은 불안감이 엄습해 왔다. 나뿐만이 아니라 포항시민 모두가 그랬던 것 같다.

지금도 우리나라 어느 곳에 지진 뉴스가 나오면 가슴이 떨리고 평상시에도 조금만 이상하다 싶으면 혹시 지진이 오나 긴장하고 불안해진다. 꼬박 8년이 흘렀지만, 그때 그 공포는 지진 트라우마로 아직 완전히 치료되지 못한 상태이다. 몸과 마음 깊이 자리 잡아버렸다.

그 순간에 몸을 피하면서 집에 있는 아내 생각, 객지에 있는 딸 생각이 먼저 떠올랐다. 빨리 두려워하고 있는 아내한테 가야 된다는 생각뿐이었다. 나는 여전히 지진이 두렵다.

느리게 느리게

나는 성격이 급하다. 해야 할 일이 있으면 순식간에 빨리빨리 해야만 하는 성격이다. 누군가와 약속이 있으면 한참 전에 약속된 장소에 도착해 기다려야 직성이 풀린다. 이런 성격이 어느 정도의 장점은 있지만, 단점도 많다고 나도 인정한다. 하지만 선천적으로 타고난 성격이라 생각하고 고쳐보려고 시도해 본 적은 없다. 분명히 나쁜 점이 많다고 인정하면서 고치지 않고 고수하는 것은, 지금까지 살아오면서 불편을 겪었거나 불이익을 받은 적이 없어서였다.

나의 이 급한 성격은 분명 아버지로부터 물려받은 것이다. 아버지는 농사를 지으면서 항상 준비가 철저하셨는데, 문자가 서툴렀던 아버지가 농사일지 같은 것을 쓰는 것은 보지 못했다. 농사에 관한 모든 것들을 무조건 머릿속에 기억했다. 언제쯤 무엇을 준비해야 하는지 빼곡하게 입력이 되어 있었다. 몸에 밴 부지런함이라는 말이 맞겠지만 낮에 몸을 뉘는 일이 없으시고 일을 손에서 놓지 않았다. 내가 어릴 때 명절에 큰 집에라도 갈라치면 한참 이른 시간에 여유를 넉넉히 두고 출발하셨는데 지금의 나와 흡사하다.

나의 급한 성격은 집이나 회사에서도 어김없이 적용되었다. 먼저 집에서는, 나의 아내는 좀 슬로우한 성격으로 나와는 많이 달라 종종 부딪힌다. 어디를 외출할 때에도 정해진 시간에 나는 일찍 준비를 마친다. 반면에 아내는 준비하는 시간이 길어 나는 늘 한참을 기다린다. 회사에서도 마찬가지로 실무적인 업무를 할 때 내가 맡은 일은 야근을 해서라도 한 달 치를 며칠 내에 몰아서 마쳐야 마음이 놓였다. 그러고 나면 남들은 열심히 업무를 하는데, 나는 할 일이 없어 다른 데를 이리저리 기웃거리며 할 일 없어 할 때가 많았다.

직위가 올라가서 업무를 지시할 때도 보고가 빨리 올라오지 않을 때는 호통을 치는 일이 잦았다. 금방 지시한 후 바로 보고서가 올라오지 않는다고 닦달해서 직원들의 불평도 있었다. 나중에 직원들이 나에게 힘들다고 시정해 주면 한다고 건의했을 때, 그때 비로소 '아차' 하며 나의 잘못을 깨달았던 적도 있다. 급한 성격이 때론 다른 사람을 힘들게 한다는 사실을 나 스스로 깨닫지 못한 점이 부끄러웠다.

퇴직하고 하루의 일상을 시작하면서 빨리빨리 할 일은 없게 되었다. 그렇다면 나를 바꿔야 하기에 가능하면 하루를 천천히 시작하려 한다. 아침에 일어나서 신문을 읽고 음악을 들으며 느리게, 느리게를 되뇌어 본다. 드립으로 천천히 커피 한 잔을 내려 마시며, 느림의 미학 속으로 빠져보려고 오늘도 노력하고 있다.

이대로가 좋다

내가 책을 읽고 글을 쓰는 이 집은 한 가지 좋은 점이 있다. 낮에 온종일 햇빛이 들어 실내가 환하다. 아침이면 햇빛이 커튼을 뚫고서 나를 깨우고, 하루 종일 그 빛은 집 안에 머물고 저녁이 되어서야 자취를 감춘다. 그래서인지 낮에 실내조명을 켤 필요도 없어 전기세도 절약되고 겨울이면 난방비 절약에도 도움이 된다.

신혼 초에 집을 구입해 35년간 보유했다. 지금은 매물로 내어 놓아도 사겠다고 덤비는 사람이 없다. 집을 산 것을 가끔 후회도 했었지만 이렇게 은퇴 후, 나의 아지트로 활용될 줄이야! 나는 농촌 출신이어서 그런지 아스팔트보다는 흙 땅이, 높은 아파트보다 나지막한 주택이, 차량이 가득한 도로보다 조용한 오솔길이, 즐비한 상점보다 작물이 커가는 텃밭이 좋다.

주변에는 배추나 무, 그리고 이곳의 특산물인 부추와 포항초가 파랗게 수놓고 있고 그곳을 보고 있으면 내 눈도 푸르게 변하고 마음도 청명해진다. 나는 그런 오솔길을 오늘도 걸었고 내일도 걸을 것이다.

회사를 퇴직한 몇몇 동료들은 무료함을 달래려고 텃밭을 일구고 수확을 보며 성취감을 본다고 한다. 지난가을에는 맛을 보라며 굵직한 고구마를 한 박스를 보내왔다. 또 한 친구는 텃밭에서 수확한 배추로 김장을 했다며 김치를 한 통 보내왔다. 다들 나름대로 퇴직 후의 삶의 여유를 즐기고 있다. 유튜브로 농사일을 열심히 배워가면서 수확했으니 노력이 가상하고 그 농산물을 나누어 주니 참 고맙다.

근데 나는 텃밭을 일구는 데는 자신이 없다. 친구들 모임에 단골 대화가 텃밭 농사인데 어떤 작물을 심고 비료는 어떻게 쓰며 비닐하우스를 어떻게 하는 등의 대화가 오가지만 나에게는 관심 밖이다. 어릴 때 농사를 짓는 부모님 모습을 질리도록 봐온 탓일지도 모르겠다. 또 다른 이유는 농사를 생계로 하는 사람에게 농사를 짓게 하고 우리는 제대로 값을 치르고 사 먹는 것이 옳다고 생각한다. 집을 나서면 온통 밭인데 보는 것으로 만족한다. 오늘도 그 싱그러운 옆을 걸으며 이대로가 좋다는 생각을 한다.

하루를 여는 시간

동지를 며칠 앞둔 휴일, 이른 아침에 잠에서 깨어나 책상에 앉는다. 원래 늦잠을 자는 성격이 아니지만, 나이가 들면서 아침잠이 더 줄어들어 자연스레 일찍 일어나는 습관이 일상이 되었다.

동트기 전이 가장 춥다는 설을 확인이라도 하듯이 기온이 영하 6도로 올겨울 들어 가장 춥다. 이렇게 추운 날은 아무래도 '방콕'(?)을 하면서 무엇을 해야 하나 머리를 굴려보지만, 뾰족한 대안을 찾을 수 없어 결국에는 밀린 글 숙제를 하기로 했다.

나는 추위를 많이 타는 체질이라 겨울이 부담스럽다. 사실 최근에 운동 약속이 잡혔지만, 추위로 취소하자는 연락이 와서 내심 고맙기도 했다. 며칠을 겨울에 어울리지 않게 따뜻한 날이었다. 지난 며칠은 소나기가 이틀 동안 내리고 곧바로 이어진 한파는 겨울 맛 좀 보란 듯 매서운 펀치를 날리고 있다.

예전에 이럴 땐 회사 출근을 어떻게 하였는지 지금 생각해 보면 아찔하다. 나는 제일 먼저 사무실에 출근해 청소하는 여사님들과 인사를 나누는 게 일상이었다. 그리고 한참 후 사무실에 들어서는 직원들과 모닝 인사를 나누고 일과를 시작하는데 출근시간이 빨라서 직원들에게 좋은 상사로 평가받지 못했을 거다.

경주 남산 칠불암

경주 남산은 포항에서도 가까워 내가 자주 찾는 명산이다. 산이 높지 않아 등산하기에 좋은 곳이다. 산 곳곳에 신라의 불상과 탑들로 가득해 산 전체가 문화재다. 등산 코스 중에서도 산행하기가 가장 좋고 편안한 코스로 칠불암을 꼽을 수 있다.

칠불암 가는 길은 여러 갈래가 있다. 내가 가는 길은 통일전 주차장에 차를 세우고 산을 오르면 등산객도 많지 않고 길도 평탄해서 등산하기가 쉽다. 칠불암까지 1시간이면 천천히 가도 충분하고 적당히 땀도 나서 우리 부부는 자주 갔다.

칠불암에는 푸른 눈의 외국인 스님이 계셨는데 아마도 우리나라 불교를 공부하러 오신 유학생인 듯했다. 칠불암 일곱 부처님 앞에 앉아서 가져온 간식을 먹고 한참 석상을 바라보다 하산한다. 그런데 신기한 것은 하산할 때 기분이 굉장히 좋고 발걸음이 가볍다.

나는 불교 신자도 아니어서 칠불암에 가서도 절을 한 번도 하지 않고 단지 불전함에 천 원 세 장을 넣는 게 전부인데 왜 이리 마음이 편안할까? 생각이 들기도 했다. 그건 뒤에 깨달았는데, 올라갈 때 마음속에 무거운 돌을 안고 갔다가 그 돌덩이들을 인자하신 일곱 부처님께 맡기고 내려와서일 것이다.

그런데 어느 날, 우리 부부는 여느 때와 마찬가지로 칠불암을 올랐다가 내려오는데 아내가 소스라치게 놀랐다. 멧돼지 소리가 난다고 빨리 걸음을 재촉했다. 그런데 나는 전혀 듣지 못했다. 급기야 아내는 나를 타박하고서 두 번 다시 칠불암에 가지 않겠다고 선포했다. 요즈음 산에 멧돼지가 없는 곳이 있으랴마는 아무튼, 그 일이 있고 난 후 우리 부부는 칠불암을 다시 가지 못했

다. 아내도 칠불암을 그리워하면서도 멧돼지의 꿀꿀 소리가 귓전을 맴돈다며 안타까워했다. 칠불암 일곱 부처님이 그립다.

초겨울의 통영 여행

7년 만의 통영 여행을 처제댁과 다녀왔다. 예전에 회사 다닐 때, 포항과 광양 간부들과 같이 통영에서 1박하고 청산도로 갔었던 좋은 추억이 있다. 오랜만에 늘 동경해 왔던 통영을 간다고 하니 설레고 유명한 다찌식당을 다시 가볼 수 있어 1박 2일의 짧은 일정이지만 마냥 들떴다.

동서의 퇴근 시간에 맞추어 토요일 오후 느지막한 시간에 출발

하여 미리 예약한 다찌식당에 도착했다. 참고로 다찌란 술을 시키면 안주로 나오는 것을 일컫는데, 그날 통영에서 나오는 식재료를 가지고 주인이 나름의 안주를 만들어 내놓는 음식을 말한다. 주로 통영바다에서 나오는 수산물로 회와 멍게, 굴, 게, 멸치, 전복, 꼴뚜기 등으로 맛있게 요리해서 술과 함께 한 상 가득 차려 놓은 술안주이다.

우리 일행은 평소에 구경하기 어려운 안주를 신기하게 구경하면서 접시를 모조리 깨끗하게 비웠다. 수산물이어서 그런지 배는 부르지만 거북스럽지 않았고, 소화도 잘되어서 다음 날 일어났을 때 일행 모두 대만족한 표정들이다. 지역의 전통 향토음식은 세월이 흘러도 사람들이 그 맛을 잊지 못해 다시 찾게 된다. 다찌식당이 바로 그런 곳이 아닐까?

다음 날 케이블카를 타고 전망대에 올랐다. 동해와는 다르게 올망졸망 모여 있는 섬들과 고여 있는 듯 조용한 남해바다를 바라보고 있으려니 시간이 멈춰버린 느낌이다. 여행을 많이 다닌 우리나라 사람들은, 이제는 유명 관광지를 다니는 것도 좋아하지만 맛있는 음식과 뷰 좋은 카페를 찾아다니는 트렌드로 바뀌고 있는 것 같다. 체력적인 문제와 장시간 운전에 따른 피로도를 감안해 짧은 동선에 휴식 개념의 여행 스케줄을 선호한다.

집에 도착한 밤에 가만히 생각해 보니 통영의 아름답고 고요한 바다 풍경이 머리를 스쳐 지나간다. 통영! 옛날에 충무란 익숙한 이름. 오늘은 왠지 다찌 한 상처럼 마음이 넉넉해진다.

동지에는 팥죽

오늘은 1년 중 밤이 제일 긴 동지이다. 지금은 동지에 큰 의미를 부여하는 사람은 많지 않다. 그러나 예전에는 팥죽을 쑤어 가족들이 둘러앉아 한 그릇씩 먹으며, 나이를 한 살 더 먹었다고 했다. 가족 중 누가 새알을 더 먹을까 보이지 않는 경쟁을 벌이기도 했다. 모락모락 뜨거운 김을 들이마시며 팥죽을 참 맛있게 먹었다. 팥죽은 뜨거울 때 먹어도 맛있지만 차갑게 식었을 때도 특유의 찰진 맛이 일품이었다. 전자레인지가 없던 시절 식은 팥죽을 먹으며 새알을 건져 먹는 맛이 쏠쏠했다.

　어머니는 부엌의 가마솥에 팥죽을 끓이셨다. 팥죽은 우리 식구만 먹는 것이 아니었다. 꼭 이웃과도 나눠 먹었다. 물론 그 심부름은 막내인 나의 몫이었다. 나는 어머니가 담아주는 팥죽을 앞집, 옆집, 뒷집 열심히 돌며 팥죽을 흘리지 않으려고 애쓰며 배달했다. 그러면 이웃 어른들은 내 머리를 쓰다듬으며 고놈 잘생겼네, 착하다, 공부 잘해라 등의 덕담을 건네주었다. 그 좋은 말들을 듣는 게 좋았는지 나는 싫은 내색 한 번 안 하고 열심히 팥죽을 배달했다.

　춥고 긴 동짓날 밤을 팥죽으로 배를 채우고 우리 가족은 따뜻한 구들목에 발을 집어넣고, 무슨 이야기를 그렇게 재미있게 했는지 늘 웃음소리가 끊이지 않았다. 재잘재잘, 지난날의 추억이 몽글몽글 되살아난다. 아직도 기억나는 한 가지는 어머니는 팥죽을 한 그릇 이상은 드시지 않았다는 사실이다. 나이가 들어 이런저런 생각이 많아지면서 어머니는 팥을 싫어하셨을까? 아니면 제비 새끼 같은 자식들 입속에 맛난 것 많이 넣어주려고 본인은 드시지 않았던 걸까? 팥죽 한 그릇도 주변 이웃들을 다 챙기셨던 우리 어머니…….

　옛날의 미풍양속이 하나둘씩 사라지는 현실이 아쉽다. 팥죽도

식당에서 언제든지 간편하게 사 먹을 수 있는 음식으로 바뀌어서 굳이 집에서 만드는 수고를 하지 않아도 된다. 하지만 가끔은 팥죽을 쑤어서 가족이 모여 먹을 수 있었으면 좋겠다. 왜냐하면, 동지 팥죽은 가족이 도란도란 모여 이야기꽃이 피게 하고 다사다난했던 1년을 보내며 이런저런 이야기를 하며 지새우는 것도 좋을 것 같다.

오늘은 맛있는 팥죽을 한 그릇 사 먹고 집에 가자고 아내에게 말했더니, 아내가 팥죽을 10분 만에 만들어 주는 기계가 나와서 샀다는 것이다. 팥을 삶거나 불리지 않아도 되는 10분 만에 완성되는 팥죽 만드는 기계라……. 세상 살기 좋아졌다.

조고각하(照顧脚下)

지난 36년간 직장생활로 숨 가쁘게 달려오느라 미처 나 자신이 지나온 날을 되돌아보고 반성해 볼 여유가 없었다. 한 번씩 중간중간 체크 해보는 생활이 중요한데 사는 게 바쁘고 그 당시에는 그런 게 뭐 그리 중요한가 대수롭지 않게 생각 없이 살아왔다.

이제 나이 60을 훌쩍 넘겨 생각해 보면 지난 세월 동안 좋았던 일도 있었고 아쉬웠던 일도 많았다. 나의 인생이 어떤 궤적을 남기고 있는지 올바른 길로 가고 있는지 스스로 잡아가는 노력이 필요했었다고 이제야 비로소 느낀다.

조고각하!
조고란 "비추고 돌아본다."라는 뜻이고 각하는 "다리 아래"를 뜻하는데 "자기의 다리 아래를 돌아본다."라는 뜻이다. 절에서 스님들이 선방 댓돌 위에 가지런히 놓인 고무신은 항상 자기 자신을 돌아보고 정리된 마음 자세를 뜻한다고 한다.

집에서도 마찬가지로 신발장에 신발을 외출할 때를 대비해서 가지런히 정리하여 놓으면 편리하고 깨끗해질 수 있다. 비록 신발에 비유했지만, 인생에 있어서 지나온 날들을 뒤돌아보면 그때는 이렇게 했으면 더 좋은 결과가 있었을 텐데 후회되는 일도 있다.

이제 인생 제2막의 시작점에서 '조고각하'를 좌우명으로 새로운 마음가짐을 다져본다. 신발을 벗고 새로운 곳으로 들어가며 나는 뒤돌아 나의 신발이 잘 정리되어 있는지 바라본다.

12월을 맞으며

―

　마지막 달력 한 장을 남겨놓았다. 돌아서면 한 달 잠시 지내다 보면 1년이 이렇게 후딱 지나쳐 버린다. 인생이 잠시 쉬어가는 정거장이라고 했던가? 63km로 달리는 인생열차는 중간에 쉼 없이 종착점을 향해 달린다. 누구라도 이를 막을 수 없다.

　겨울 초입, 갑자기 영하의 동장군이 납시었다. 움츠리고 껴입고 호주머니에 양손을 찔러 넣고서 하얀 입김을 내뱉어 본다. 아내의 책장에서 발견한 이해인의 시집에서 「12월의 기도」를 읊조려 본다.

> 또 한 해가 가버린다고
> 한탄하며 우울해하기보다는
> 아직 남아 있는 시간들을
> 고마워하는 마음을 지니게 해주십시오.
> 한 해 동안 받은 우정과 사랑의 선물들
> 저를 힘들게 했던 슬픔까지도
> 선한 마음으로 봉헌하며
> 솔방울 그려진 감사카드 한 장
> 사랑하는 이들에게 띄우고 싶은 12월
> 이제 또 살아야지요.

해야 할 일 곧잘 미루고
작은 약속을 소홀히 하며
남에게 마음 닫아걸었던
한해의 잘못을 뉘우치며
겸손히 길을 가야 합니다.
같은 잘못 되풀이하는 제가
올해도 밉지만
후회는 깊이 하지 않으렵니다.
진정 오늘밖엔 없는 것처럼
시간을 아껴 쓰고
나에게 잘못한 이들도 용서하면
그것 자체로 행복할 텐데
이런 행복까지도 미루고 사는
저의 어리석음을 용서하십시오.
보고 듣고 말할 것
너무 많아 멀미 나는 세상에서
항상 깨어 살기 쉽지 않지만
눈은 순결하게 마음은 맑게 지니도록
고독해도 빛나는 노력을
계속하게 해주십시오
12월엔 묵은 달력 떼어내고
새 달력을 준비하며 조용히 말하렵니다.
가라 옛날이여.

오라 새날이여.
나를 키우는 데 모두가 필요한
고마운 시간들이여.

Merry Christmas

———

이화에서 하룻밤을 보낸 뒤 아점을 먹고 바닷가로 나갔다. 집에서 3분이면 다다르는 도구해수욕장은 차박 캠핑족으로 주차장이 빈틈이 없다. 며칠간 북극 한파로 맹위를 떨치던 추위가 영상 6도로 풀려서인지 바닷바람을 맞으며 삼겹살을 구워 먹고 라면을 끓여 먹으면서 크리스마스 연휴를 즐기는 사람들로 제법 붐빈다.

30년 전 우리 부부가 젊었을 때는 이곳은 해수욕장이 개장하는 여름 한 철만 붐볐다. 2020년 코로나 시기를 맞으며 캠핑하기에 안성맞춤이란 소문이 돌았다. 그리고 이곳은 캠핑카와 텐트 그리고 차박 장소로 유명세를 타기 시작하여 오늘에 이르렀다. 더불어 이곳의 행정센터에서도 해수욕장 주변을 정돈하고 화장실을 깨끗이 관리하며 시민들이 불편이 없도록 하고 있다.

뒤돌아보면 우리 가족도 여행을 참 많이 다녔다. 계곡에 조그만 텐트를 치고 3명이 물소리를 들으며 이야기꽃을 피우던 때가 많았다. 그 당시에도 호텔이나 콘도 시설이 있었지만, 우리 가족은 야외에서 텐트 야영을 하며 즐겼다. 일일이 음식을 준비하고 수돗가에서 씻어야 해서 힘들었을 텐데 그게 참 좋았다. 젊은 부부가 아이 1명과 모래쌓기 놀이에 한창이다. 나도 아련히 옛날의 그리움으로 빠져든다.

오늘은 크리스마스이브, 도구해수욕장을 지나 해안도로를 한참이나 걸었다. 파도가 거칠게 다가오더니 바람도 세차게 불어오고 소나무 방풍림이 거센 강풍을 걸러낸다. 모자의 귀마개를 펴서 차가워진 귀를 덮었다. 한참을 바닷바람을 맞다 보니 이윽고 복잡해진 머리가 한결 맑아진다. 따뜻한 아메리카노 커피 한 잔 사서 집으로 돌아온다.

크리스마스가 생일인 딸은 내외가 거제도로 여행을 간다고 연락이 왔다. 혹시 생일을 같이 보내자고 하지는 않을까? 내심 기대를 했지만 헛된 꿈이었다. 신혼 3개월 차 딸에게 부모와의 생일 파티를 기대하였다니 가당치도 않은 일이다. 신혼인 둘이 즐겁게 지내야지. 나는 열심히 자식을 놓아주는 연습을 하고 있다. 나 혼자만의 시간이 점점 늘어난다. 빠르게 흘러가는 현실에 적응하고 맞춰가는 것이 나에겐 조금 버겁다. 그러나 나는 노력하고 있는 나에게 속삭여 본다.

Merry Christmas!

양보할 수 없는 나를 위한 네 가지 투자

나이 육십을 넘기고 보니 나 자신에 대한 투자가 꼭 필요하다고 생각했다.

첫째로 건강에 대한 투자이다. 몇 해 전 나는 뇌동맥류 시술을 받았다. 이제 나의 건강은 전성기를 지나 하강 곡선을 그리기 시작했다. 오래 사는 것도 중요하겠지만 노후에 건강한 삶을 위해 나를 위해 내가 할 수 있는 일은 내 몸 전체를 꼼꼼하게 점검해 보는 것이다.

그 당시 육십이 다 되어가는 나이에도 그 흔한 고혈압, 당뇨, 고지혈증 같은 내분비계열의 질환도 없었고, 체중 또한 젊었을 때와 같이 언제나 정상을 유지하고 있었다. 특별히 아프거나 불편한 것이 없었던 나는 가벼운 마음으로 건강검진을 받았다. 그런데 놀랍게도 나의 뇌에서 풍선같이 부풀어 있는 꽈리를 발견했다. 의사가 보여준 MRA상의 내 뇌혈관의 모습은 금방이라도 터질 것 같은 모습이었다.

종합건강검진을 마치고 가벼운 마음으로 돌아오는 길에 급하게 연락을 받아 차를 돌려 다시 병원으로 가야 했던 그 당시 나의 심정은 두려움 그 자체였다. 만약 그때 꼼꼼한 건강검진을 받지 않았더라면 지금 나는 어떻게 되었을지 생각만 해도 아찔하다. 사실 건강에 관한 것은 나이가 들어서가 아니라 좀 젊었을 때부터 자신의 몸 전체를 알아보고 나의 취약점을 관리해 나가는 것이 좋겠다는 생각이다.

둘째는 운동에 대한 투자이다. 운동은 건강을 지킴과 동시에 삶의 활력소가 되기에 꼭 필요하다. 20여 년 전부터 접하게 된 골프에 요즘 재미를 느끼고 있다. 아침에 골프연습장에서 1시간 30분 정도 연습한다. 연습장에 다녀온 후에는 아침 스트레칭을 꼼꼼하게 1시간 하고 있다. 그러고 나면 몸이 매우 유연해지는 것을 느끼면서, 의학자들이 말하는 운동 후 나오는 행복 호르몬 덕분에 기분도 좋다. 그리고 주 3회 이상은 만 보 이상의 걷기운동을 하며 나의 건강에 시간을 투자하고 있다.

노년에 체력이 떨어지고 나면 운동의 필요성을 느끼고 여러 가지 운동을 시작하게 된다. 그때 중요한 것은 자신의 체력이 어느 정도인지 스스로 깨닫는 것이 중요한 것 같다. 남들이 다 하니까 내 나이를 잊어버리고 혹은 내 체력이 어느 정도인지 알지 못하고 친구 따라 강남 갔다가는 낭패를 볼 수 있다. 나에게 맞는 운동을 찾아 체력관리를 해야 한다. 젊어서부터 꾸준히 해오던 운동을 자신의 체력에 맞게 조정해서 해준다면 더없이 좋겠다는 생각이다.

나는 주 1~2회 정도 골프 라운딩을 간다. 푸른 잔디 위를 마음에 드는 동반자들과 세상 살아왔던 이야기, 살아가는 이야기, 앞으로 살아갈 이야기를 나누며 걷는 그 순간이 세상 그 어떤 순간보다 행복하다.

셋째로 새로운 지식 습득인 독서에 대한 투자이다. 한마디로 정신과 생각이 정체되지 않게 공부하는 데 투자해야 된다. 나는 똑똑한 사람이 아니어서 젊었을 때부터 그 부분을 채워보기 위해 자주 서점을 찾았다. 그런 나의 습관은 지금에 와보니 좋은 것이 많은 것 같다. 나이가 들면서 기억하는 것이 점점 어려워지고 집중력이 떨어진다는 것은 슬픈 일이다. 글자를 보면 침침한 시력이 앞을 가리고 몇 줄 읽다 보면 잡념이 머리를 지배하여 도통 내용을 파악하기도 힘들 때가 많다. 그러나 나는 끊임없이 읽는다.

책을 읽다 보면 내가 살아온 것이 얼마나 우물 안 개구리였는지를 깨닫게 되고 그곳에서 내가 또 얼마나 지지리도 못나게 아등바등 그렸는지 안타까울 때가 많다. 그러나 그 또한 내 인생의 중요한 순간순간이었음을 깨닫게 해주는 것이 독서인 것 같다. 책상 위에 책을 올려놓고 책장을 넘길 때마다 작고 작은 내가 다른 사람의 생각을 이해하는 넓고 깊은 사람이 된다. 그러면서 나 스스로 뿌듯하다. 독서는 나에게 알지 못했던 지식을 습득하게 해주고, 나의 뇌 활동을 촉진시켜 주어 육체적인 면을 건강하게 할 뿐 아니라, 마음을 평온하게 만들어 정신 또한 건강하게 만든다.

넷째로 여행에 대한 투자이다. 여행은 다리 힘이 있을 때 많이 하라고 흔히들 말한다. 맞는 말이다. 다리에 힘이 없으면 돈이 있어도 여행을 다닐 수 없으니 틀린 말이 아니다. 퇴직하고 시간적 여유가 많아졌다. 주변 동기나 친구들은 모두 하나같이 여행이나 다니며 즐겁게 살 것이라고 했다. 하지만 여러 가지 이유로 그것이 참 어렵다. 현재 내 주변의 지인들도 이구동성 말해왔지만, 그것을 제대로 실천하는 사람은 드물다. 자식 문제, 돈 문제, 시간 문제 등 이유를 들어보면 가지각색이다. 그러나 나는 과감하게 말하고 싶다. 열심히 일한 당신 떠나라!

여행이 꼭 돈과 시간이 많이 드는 해외여행일 필요는 없다. 아주 가까운 곳에 도시락을 싸가는 당일치기 여행에서 어릴 때 뛰어놀았던 고향 동산으로의 여행부터 시작해서 그 범위를 조금씩 넓혀보면 자신만의 여행을 지혜롭게 하는 방법이 떠오르게 될 것이다.

나의 아내는 참 재미있는 사람이다. 자신의 책상 앞에 우리나라 지도를 붙여놓았다. 그리고는 어떤 곳은 색칠이 되어 있고 어떤 곳은 색칠이 되어 있지 않다. 우리 부부는 각자의 생활패턴을

철저하게 존중하여 지나친 관심은 간섭이 되므로 나는 무척 궁금했지만 묻지 않았다. 나중에 알고 보니 아내는 우리나라 전체를 여행해 보는 것이 자신의 버킷리스트에 있는 꿈이자 목표였다. 지도를 보면 제법 색칠이 많이 되어 있다. 그런 아내를 응원한다. 그래서 나도 세계지도를 붙여볼까 생각하고 있다.

우리나라는 어디를 가나 금수강산 아름답지 않은 곳이 없다. 숲이 우거지고 맑은 물이 흐르고 그래서 또 그곳에서 뿜어져 나오는 좋은 공기는 나를 정화시킨다. 여행지의 도시를 걸을 때면 도시만이 가진 개성에 새롭고 신기하다. 해외는 또 어떻겠는가? 또 다른 모습과 색깔로 나에게 다가올 것이다. 그래서 여행은 또 다른 나를 발견하는 과정이다. 지금까지 무조건 앞만 보고 살아왔던 내가 나를 돌아보게 되는 시간이다. 그래서 나는 나를 위한 투자, 네 번째로 여행에 대한 투자를 하기로 과감하게 첨가하였다.

가을의 초입의 어느 날, 나는 갑자기 국수가 먹고 싶었다. 그래서 국수를 잘 만드는 아내에게 국수가 먹고 싶다고 했다. 그러자 아내는 멸치 다시 물로 구수하게 우려낸 국수를 먹여주겠다며 나를 전라도 담양의 국수거리로 데려갔다. 우리는 그곳에서 담양의 그 유명한 죽녹원도 가지 않고, 담양 금성면에 있는 커피농장도 가지 않고, 그 유명한 메타세쿼이아 길도 가지 않았다. 정말 맛난 국수를 딱 한 그릇씩 먹고 돌아왔다. 좀 황당했지만 내가 먹고 싶은 것을 맛나게 먹었던 당일치기 여행이었다. 퇴직하고 나는 아내에게 많이 배운다. 밥을 먹고 설거지를 물이 튀지 않게 하는 법, 구김이 가지 않게 옷 개는 법, 효율적인 청소기 돌리는 법 등. 그리고 오늘 또 하나를 배운다. 여행은 거창하게 계획하지 않고 생각날 때 바로 떠나도 충분히 신나고 맛나고 행복하다는 것을…….

내가 변했다

사람의 성격은 세월이 지나면서 조금씩 바뀌는 것 같다. 본인의 잘못된 성격을 스스로 알아차리는 것이 중요한데 안다는 것은, 고칠 수 있기에 얼마나 다행인가 생각한다. 그래도 나 스스로 깨닫지 못하는 부분이 많을 것이기에 막연하게 안타깝다는 생각이 든다. 60년을 넘게 살다 보니 못생긴 고집이 나한테도 덕지덕지 붙어 있어서, 누군가가 조언을 해주면 그것이 또 고깝게 생각되어 나를 좋은 방향으로 고치기가 쉽지 않다.

나 자신을 돌아보는 시간이 생기면서 나는 나에게 나쁜 버릇이 생겼다는 걸 알게 되었다. 상대방이 이야기하는 도중에 말을 끊고 일방적으로 끼어들거나 상대방에게 약간 거친 말을 하기도 하고 남을 배려하지 않는 행동을 한다는 것이다. 그것을 스스로 깨닫게 된 순간, 지금까지의 나의 언행이 너무나 부끄럽고 나 자신이 실망스럽기까지 했다. 오래전 『경청』이라는 책이 베스트셀러가 되었을 때, 그 책을 여러 권 사서 지인들에게 선물한 적이 있었다. 그 책을 나에게 선물 받아 읽었던 사람들은 얼마나 웃겼을까?

회사를 퇴직한 후, 혼자 있는 시간이 많아졌고 대화 상대가 예전보다 현저히 줄었다. 그러다 누군가를 만나면 말에도 총량이 있기라도 하는 것처럼 나는 주절주절 나의 주장을 장대하게 늘어놓는다. 필요도 없는 말을 장황하게 늘어놓기 일쑤고 상대의 말을 경청하려 하지 않는다. 그러다 상대방이 나와 다른 의견을 제시하면 목소리까지 높이며 나를 억지로 주장한다.

얼마 전 친구들과 모임에서 한 친구의 대화 중에 나는 무작정 끼어들어 주장을 펼쳤고, 친구가 나에게 묻는 말에 되지도 않게 친구를 면박 주었다. 예기치 못한 나의 말투에 친구는 놀란 표정을 지었다. 그렇게 말을 생각 없이 뱉고 나서 사실 나 자신도 놀라고 말았다. 그러나 말은 이미 내 입을 떠난 후였다.

나는 어떠한 모임에서도 주로 말을 듣는 편이었는데 지금의 나는 그렇지가 않다. 다른 사람보다 말을 많이 하려 하고 중간에 상대의 말을 끊어 내가 대화를 주도하려 하고, 나와 의견이 다르면 소리까지 높아진다. 나의 말로 분위기를 채우려는 독단까지 보인다. 친구들이 안부 전화가 와도 마찬가지이다. 하루 종일 입을 다

물고 있다가 마치 오늘 할 말의 총량을 채우려는 듯 마구 쏟아낸다. 변한 내 모습이 낯설다. 그래서 한심하다.

어떤 형님이 나에게 이런 말씀을 해주셨다. "너는 참 인상이 선하다."라고. 그 말씀을 생각하니 가슴이 철렁하고 낯 뜨겁기 그지없다. 알았으니 깨달았으니 고쳐야겠다. 깨닫지 못했다면 어쩔 뻔했는가? 앞으로 나의 인지능력은 점점 늙어질 것이고 이런 것조차 깨닫지 못하게 될까 봐 걱정이다. 나를 아예 고쳐 쓰지 못하게 되기 전에 잘 다듬고 기름칠해 나를 잘 지켜 가야겠다. 다음에 그 친구를 만나면 사과하리라.

고집을 꺾어라!

노인을 가리켜 일명 고집쟁이라 일컫는다. 왜냐하면, 본인의 주장이 틀려도 틀렸다고 인정하지 않아서이다. 노인이 되면 누구나 고집이 세지는 걸까? 절반은 맞고 절반은 틀렸다. 먼저 노인은 본인이 살아온 과정에 나름대로 자부하며 생의 마지막을 살고 있기에, 고집을 꺾는 순간 나락으로 떨어진다고 두려움을 가지고 있다. 그리고 고집은 나약한 신체에 자신을 지키는 마지막 보루 같은 것으로 여기는 소위 '꼰대'인 것이다. 고집을 곧 강함으로 생각하는 오류가 생긴 것이다.

감히 말하건대 내가 만난 노인의 절반은 고집쟁이다. 나머지 절반은 고집은 세지만 본인이 컨트롤할 수 있는 젠틀맨이다. 여기서 고집을 컨트롤한다는 것은 장소를 불문하고 자기의 주장을 밀어붙이는 스타일이 아니라, 상대방의 의견을 존중하면서 최대한 본인의 주장을 부드럽게 어필하는 것이다. 즉 남을 배려하면서 결국 본인의 생각을 관철시키는 양면 전략을 편다. 그러니까 인생을 오래 살다 보면 살아온 경험을 바탕으로 볼 때, 누구나 자신이 옳다고 생각하는 부분이 있기 마련인데 그것이 옳을 수도 있다. 그러나 그것을 어떻게 주장하느냐의 방법 차이인 것 같다.

나는 꼰대가 될 것인가? 젠틀맨이 될 것인가? 그것이 문제로다. 그러면서 나는 나에게 질문한다. '너는 어디에 속할 것이냐?' 당연히 젠틀맨이지만 나는 항상 꼰대로 남아 있다. 나의 딸도 나를 꼰대라고 했고 나의 아내도 나를 꼰대라고 했다. 가장 가까운 사람들이 나를 그렇게 생각한다니 나는 별수 없이 꼰대인 것이다. 그런데 나는 이 부분에서 의의를 제기하고 싶다. 나는 남에게 해를 끼치지 않았고 고집을 피우지도 않았다. 나는 상대방과 의견 충돌을 원하지 않고 그럴 분위기라면 처음부터 피해버린다. 이런 내가 과연 꼰대인가?

노인이 되어보니 노인은 젊은이에게 배울 점은 많다는 생각을 했다. 나이를 먹을수록 상대방을 배려하고, 좋은 고집은 남기고 나쁜 고집은 버려야 할 것 같다. 그런데 그것이 참 내려놓기 어려운 요물이다.

관계의 가지치기

언젠가 나의 아내가 "성격이 물렁해서 세상의 99%가 좋은 사람이지?"라고 질문한 적이 있다. 사실 맞는 말이다. 나는 사람을 처음 볼 때 그 사람의 장점을 먼저 보는 사람이어서 "그 사람은 참 좋은 사람이야!"라는 말을 많이 한다. 그러나 사실은 아니다. 지금까지 모든 사람은 나에게 속아왔다. 나는 성격이 매우 섬세하고 대인관계에서도 매우 조심스럽게 접근하는 편이다. 그리고 사람을 쉽게 사귀지 못하는 단점이 있다. 그래서 상대방도 나에게 쉽게 다가오지 못하고 가까워지는 데 시간이 오래 걸린다. 그러나 가까워지기만 하면 굉장히 오래 지속되는 관계로 발전하고 상대방도 나를 진정한 인생의 파트너로 인정해 준다. 한마디로 '좁고 깊게'이다.

어릴 때는 수줍음도 많이 타고 소극적인 성격이었으며 남 앞에 나서기를 주저하는 편이었다.

초등·중학교 다닐 때 발표자로 내가 뽑힐까 봐 조마조마 마음을 졸였고, 문제 풀이에서도 정답을 알아도 친구들 앞에 나서지 못할 정도였다. 그래서 동창회에 가서 어릴 때 친구들을 만나면 나에 대한 기억은 말이 없고 얌전한 아이로 기억되고 있다. 나의 성격이 소극적인 것에서 그나마 살짝 적극적으로 많이 바뀐 시점은 군대 시절부터였다. 또 사회생활을 하면서 조직을 이끌어 가야 하는 환경에 적응하려니 어쩔 수 없이 성격이 바뀌어 갈 수밖에 없었다. 그러니까 나 스스로 바꾸려고 했다기보다 그러한 환경이 나를 변화시켰다.

회사에서도 동료 및 선배들과 관계에서 빨리 친한 관계는 되지 못했지만, 시간이 흐른 뒤에는 오래가는 사이가 된다. 나이가 들어서 사람 간 대인관계의 정의를 내린다면 믿음이라고 본다.

믿음! 생긴 것이 다르고 생각이 다르고 행동이 다른 무리가 서로를 인정하고 믿어주기까지 일정의 시간과 소통이 있어야 그 믿음은 자리할 수 있다. 나이 어린 사람은 윗사람에게 존경과 예의를 갖춰 예우를 다해야 하며, 나이 많은 선배는 어린 사람을 보듬을 줄 알고 각별히 언행을 삼가야 하고 한 사람의 인격체로 깍듯이 예우를 해야 한다. 이 두 조건에서 한 가지라도 소홀해지면 관계는 진전될 수 없다.

나는 남을 판단하는 데 시간이 좀 걸리고 상대방도 나의 성격

탓에 머뭇거리곤 한다. 믿음이라는 결론이 나기까지의 관계를 형성하기 위한 진통이라 생각하고 최대한의 예우를 갖추고 대한다. 그래서 대인관계는 그 사람의 인격과 성품에 따라 좋아질 수도 그렇지 않을 수도 있는 것이다. 상대방을 무조건으로 믿는 사람들도 많이 있다. 그로 인한 피해도 본다. 나이를 먹을수록 대인관계는 더 조심스러워야 하고 대상도 소수정예로 축소시켜야 한다. 물론 늙어서까지 힘이 남아돌고 열정이 무한히 넘쳐난다면 별문제이겠지만.

어쩌면 나이가 든 지금이 음식의 맛을 돋우기 위해 넣는 소스같이, 나에게는 더 나은 대인관계를 형성하는 데 더없이 도움을 주는 순간일 수도 있다는 생각이 든다. 가을에 가지치기하듯 내 인생의 가을에 관계의 가지치기를 하며 말끔히 정리해 본다. 진실한 사람들에게 진실한 마음을 주면서 살고 싶다.

나의 스펙트럼

젊고 멋있는 사람들만 설 수 있었던 모델계에 하얀 백발을 휘날리며 자신 있게 스테이지를 걸어가는 시니어 모델이 인기다. "나이는 숫자에 불과하다."라는 말을 실로 실감한다. 60대 이상이

주 소비층이 되었다. 예전의 노인 이미지와 완전히 다른 것이 지금의 60, 70대이다. 그러나 회사의 정년이 60세인데 요즘 시대의 60세는 육체적으로나 정신적으로 한창나이인 것은 사실이다.

우리나라 노년법에 노인의 나이를 65세 이상으로 규정하고 있는데 앞의 사례에 비춰보면 노인의 기준이 현실과 동떨어진 것은 분명하다. 우리도 장수시대에 이미 접어들어서 어떤 삶을 살아갈 것인지 고민해야 한다. 늙어갈수록 질병을 피해 갈 수는 없고 되도록 덜 아프게 살아가는 것이 가장 현명한 삶이다.

그러기 위해서는 아직 남은 긴 인생의 여정을 재미와 보람과 더불어 건강하게 채울 수 있어야 한다. 나는 여기에서 가장 중요한 포인트로 친구나 주변인과의 인적교류를 말하고 싶다. 노인이 집에서만 생활하다 보면 육체적으로도 움직임이 적다. 운동량이 부족하고 정신적으로도 작은 공간에서는 좁은 생각이 지배하여 자칫 소극적 사고에 매몰될 수 있고 육체적 정신적으로 빨리 늙어갈 수밖에 없다.

나이가 들수록 많이 움직이라는 말이 맞다. 움직이지 않으면 육체는 경직되고 굳어진다. 옛 직장의 동료뿐만 아니라 다양한 계층과 교류하다 보면 나의 편협 된 사고를 조금이나마 깨뜨릴 수 있고 나의 스펙트럼이 넓어질 수 있다. 나는 요즘 여러 계층의 사람들과 운동을 통해 교류하다 보니 새로운 사람들의 독특한 인생관을 많이 듣고 보고 느끼게 되어 좋다.

현업에서 사업하시는 분의 성공담이나 힘든 부분의 얘기에 공감도 해주고, 나와 다른 직종에 근무했던 사람들의 신기한 이야기, 또 일반회사를 정년퇴직한 나 같은 사람들의 이야기에는 동병상련의 마음을 느낀다. 각각의 지식의 분야가 달라 정보도 교환하고, 시사 이슈에 대해 의견을 나누어 보는 등 재미나게 살고 있다. 대화 중 생각이 다르면 더욱 궁금하여 귀를 쫑긋 세우고 나와 다름의 새로움에 신선함을 느끼며 내 생각의 폭을 넓혀간다.

이런저런 생각을 하다 보니 요즘 나와 교류하는 분들에게 새삼 감사한 생각이 든다. 모두들 상대를 존중할 줄 알고 긍정적이고 신선한 개성을 지니고 있고 그러면서 기품을 잃지 않는 그분들 덕분에 나도 더불어 성장한다. 생각난 김에 약속 한번 잡을까 싶다. 서로 다른 생각을 교류하며 또 한 번 크게 웃고 싶다.

우리 모입시다!

해돋이를 보고

　새해 해돋이를 보려고 했지만, 날씨가 흐려 차일피일 미루던 차에 1월 4일 날씨가 맑다는 일기예보를 믿고 새벽에 일어나 구룡포 대보항으로 내달렸다. 내가 있는 곳에서부터 30분 이내인 호미곶 해맞이광장은 호랑이 꼬리에 위치한 동해안에서 손꼽히는 해돋이 명소다. 가까이에 있으면서도 새벽에 가는 것이 귀찮아서 시도를 못 했는데, 올해는 큰맘 먹고 혼자서 새벽길을 나섰다.

　새벽 6시 30분에 출발, 호미곶으로 가는 길은 한산하여 벌써 신년 해돋이가 끝이 났나 싶을 정도로 도로에 차량이 보이지 않았다. 새천년 광장으로 진입하여도 마찬가지였다. 너무 일찍 도착했나 싶어 시계를 보니 7시, 아직 일출까지는 30여 분을 기다려야 한다. 차를 주차장에 세우고 먼저 평화와 번영을 상징하는 청동상 '상생의 손'을 알현하고 새벽 바다의 수호신 같은 등대를 한 컷 담았다.

　영상 1도 겨울 날씨치고 춥지는 않았다. 털모자에 목도리 그리고 장갑까지 완전무장하여 추위는 더더욱 느끼지 않았다. 잠시 후 상생의 손이 조금씩 밝아지고 수평선 너머 태양이 떠오르는 전조가 보이기 시작했다. 드디어 해가 초승달처럼 모습을 내밀더니 점점 둥그렇게 수평선 너머를 솟구쳐 튀어 올랐다.

태양이시여! 올해 제가 계획한 모든 일이 순조롭고 원만하게 이루어지길 빕니다. 그리고 우리 가족의 건강을 기원하며 행복한 한 해가 되기를 소망합니다!

일출이 절정에 이르자 사람들의 숫자는 점점 불어났다. 몇몇 사진작가들은 큰 망원렌즈에 각도를 맞춰가며 타이밍을 기다렸고 젊은이들은 멋진 포즈로 사진 찍기에 여념이 없었다. 옆에 서 있는 나이 지긋하게 드신 분은 경기도 파주에서 왔다고 한다. 멀리서 와서 온전하고 장엄한 해를 볼 수 있었으면 한다고 했다. 그곳에 모인 남녀노소는 수평선을 바라보며 소원을 빌었다.

실로 오랜만에 보게 된 해돋이, 한때는 복잡한 장소를 누비며 손을 호호 불어가면서 떠오르는 해를 보며 소원을 빌었다. 무엇을 하면서 새해에 해가 뜨는 것도 잊고 살았던가. 다시 떠오르는 해를 보니 만감이 교차한다. 그리고 지난 시간이 아련하다.

집으로 돌아오는 길은 해변 도로로 방향을 잡았다. 대보 호미곶 광장에서 구룡포 쪽이 아니라 반대 방향인 대동배를 지나 임곡 연오랑세오녀 테마공원을 넘어오는 길인데, 포항 사람들은 누구나 아는 바다를 조용히 감상할 수 있는 아름다운 길이다. 이곳은 특히 해넘이가 아름다운 길이다.

해변을 따라 드라이브를 하다 보면 멀리 포항제철이 보이고 그 유명한 포항 영일대 북부 해수욕장이 보인다. 이곳을 나는 '나의 길'이라 한다. 운전하며 지날 때는 항상 사색에 잠기고 생각이 정리되고 오롯이 나만의 시간을 제대로 보내고 왔다는 생각이 들게 하는 길이다. '나의 길' 나는 참 좋은 곳에 산다는 생각을 새삼 하게 된다.

할배! 내가 다시 갑니다

아침부터 하늘이 잔뜩 찌푸린 날씨다. 하얀 눈을 기대했건만 축축한 비 소식만 연속이다. 넓은 들판을 적시는 겨울비는 적막함을 더하고 따뜻한 봄의 전령을 맞을 준비를 하는가 보다. 올해도 내가 사는 이곳은 눈 구경 한 번 못 하고 지나가는가 싶다. 겨울이 지나가는 길목에 무엇을 찾는지 까마귀 떼들만 모여들었다.

진한 커피 향을 맡으며 들녘을 보니 한결 마음이 푸근하게 잦아든다. 비 오는 저 논두렁을 흔들거리며 걸어보고 싶다. 몇 시간 후면 내가 1년을 살다 온 제주로 일주일 여행을 떠난다. 현실 도피하고 싶을 때 무언가 막힌 듯 뚫어지지 않을 때 나는 제주를 찾게 된다. 제주가 나에게 또 힘을 줄 것이라 생각하며 그곳으로 떠나본다.

일주일 여행인데 생필품을 챙겨서 구겨 넣고 넣다 보니 보따리가 엄청나다. 제주를 다녀오면 글 쓰는 속도가 좀 나아지려나 정신 수련이 되려나 잠이나 실컷 자고 오는 건 아닌지, 여행을 떠나기 전 여러 가지 생각을 한다.

일기예보를 보니 제주 날씨는 나를 우울하게 한다. 일주일 내내 비나 눈이 온다. 비가 오면 어떤가 눈이 오면 어떤가 또 바람이 불면 어떤가. 있던 곳을 떠나 여행을 한다는 것은 기분이 좋은 일이다. 경쾌한 경음악을 틀고서 기분을 업시켜 본다. 제주공항을 지키는 돌하르방 할배를 만난다고 생각하니 절로 몸에서 춤이 나온다.

할배! 내가 다시 갑니다.

젊은 의인의 숭고한 희생

얼마 전 경북 문경에서 발생한 화재 현장에서 젊은 소방관 2명의 안타까운 희생이 있었다. 그들의 나이는 스물여덟, 서른여섯. 두 소방관은 불이 난 건물에 사람이 갇혀 있다는 말에 주저 없이 불길 속을 뛰어들었다가 미처 빠져나오지 못하고 화를 당했다. 꽃다운 나이에 하늘나라로 간 두 의인에게 고맙고 안타까운 마음을 가지고 머리 숙인다.

내 몸보다 남을 먼저 생각했던 그들의 마음을 나는 감히 헤아릴 수가 없다. 무엇보다 그들 부모, 형제의 심정은 어떻겠는가? 성인이 된 자식을 먼저 떠나보내는 부모 심정은 이루 말할 수 없을 것이다. 자식이 세상을 먼저 등졌을 때 슬픔이란 상상이 가질 않는다.

위급한 현장에서 사고 방지를 위한 매뉴얼이 있을 테고 최고 책임자가 통제를 할 텐데, 어떻게 이런 사고가 자주 일어나는지 이해가 안 된다. 그리고 일전에 매스컴을 통해 들은 바로는 소방관에게 지급되는 안전 장비가 화재에 취약해서 화상을 입기도 하고, 대우 조건에서도 다른 직종에 비해 뒤처져서 사기가 떨어진다고 한다.

우리나라 1년 예산이 650조로 0.1%만 지원을 더 하면 최일선에서 고군분투하는 소방관에 대한 처우가 나아질 텐데 참으로 안타깝다. 화재가 발생하면 인명을 구출하러 화마 속을 뛰어드는 소방관에게 아무리 예산을 투입해도 아깝지 않을 것이다. 정치하는 사람들은 입만 열면 민생을 외치면서 정작 민생이 이런 곳인데 어디를 찾고 있을까?

사고가 날 때마다 으레 하는 말이 희생자에게 "영원히 잊지 않겠습니다!"이다. 물론 그 말은 우리가 할 수 있는 의인들에 대한 최선의 위로의 말이다. 그러나 유족 입장에서 생각할 때 가슴 칠 일이다. 계급을 올리고 훈장 추서가 마치 소 잃고 외양간 고치기 격이다. "잊지 않겠습니다!"라고 하기 전에 사고를 예방하기 위해 대책을 수립하고 실행해서 다시는 이와 같은 사고가 발생하지 않도록 하는 것이 순서다.

우리나라는 냄비 근성이 심해서 금세 잊어버린다. 그리고 또 사고가 나면 대책은 예전과 똑같은 재탕이다. 풍족한 예산을 투입해서 소방관에 대한 안전보호와 대우를 해주고 나서 시민을 위해서 불철주야 근무를 해주기를 바라야 한다. 내 자식이 아니어서 또다시 금세 잊을 것이다. 그러나 이번만큼은 바로 잡아서 더 이상 젊은이의 희생을 막아야 한다. 그리고 두 분의 숭고한 희생을 우리는 영원히 기억해야 한다.

머리 숙여 삼가 고인의 명복을 빕니다.

초보 사회복지사의 바람

1년 넘게 사회복지사 자격 취득을 위하여 열공(?)한 덕분에 마침내 자격증을 취득했다. 자격 취득을 위한 마지막 관문인 실습과정도 마쳐 긴긴 시간을 투자한 보람이 있었다. 무엇보다 실습을 장애인 거주시설에서 하게 되어 내가 막연하게 알고 있었던 희부연 생각을 선명하게 정립할 수 있는 시간이었다. 주 2회, 하루에 8시간, 10주간의 실습시간 동안 지금까지 내가 알지 못했던 사실들을 접하게 되면서 많이 놀랐다.

내가 얼마나 많은 것들에서 오만한 생각을 하고 있는지도 반성

할 수 있었다. 세상을 살아가는 우리가 얕은 지식으로 얼마나 아는 체를 많이 하고 그로 인해 얼마나 많은 실수를 하고 있는지를 난생처음으로 마주한 시간이었다.

내가 실습을 나갔던 곳은 중증장애인들이 거주하는 곳으로 24시간 사회복지사가 의식주를 케어해 주는 시설이다. 여기에 근무하는 직원은 적은 임금에도 책임감과 사명감, 봉사정신으로 임하고 있었다. 장애인을 내 가족처럼 정성을 다하는 그분들을 볼 때 괜히 나 자신이 부끄러워지고 반성할 점도 많았다.

그곳에는 20대부터 60대까지 여러 명의 장애인이 거주하고 있었다. 가장 인상에 남는 분은 J 씨로 나이는 40대이고 뇌전증과 정신질환을 오랫동안 앓아온 여성이다. 이곳에 오기 전 J 씨는 폐쇄된 공간에서 지냈는데, 그곳 거주시설로 온 후로 많은 변화가 있었다. 실습을 담당했던 분의 이야기를 통하여 무엇이 J 씨를 이처럼 바뀌게 만들었는지 자세하게 들을 수 있었다.

우선 전에 있던 시설과는 다르게 열린 공간에서 편견 없는 열린 마음으로 장애인을 대하는 사회복지사분들이 J 씨를 달라지게 만든 것이다. 그들은 시설 내에서 부모와 같은 역할을 하고 있었다. 씻기고 먹이고 놀아주고 재워주고, 같이 생필품을 직접 살 수 있도록 같이 장을 봐주고, 미용실에 가 머리를 자르고 염색을 하고, 백화점에 가서 예쁜 옷을 사는 것을 도와주고, 아프면 병원에 가진료를 받게 한다. 그들은 장애인의 어머니였다.

매일 일정한 시간에 시설 내 야외 공간을 거닐면서 따사로운 햇빛을 받으며 가까운 곳을 산책도 한다. 언제나 사회복지사인 직원들과 정다운 대화를 나누며 하루하루 몰라보게 J 씨의 모습은 달라져 갔을 것이다. 그리하여 그녀는 밝은 웃음을 되찾았고 다른 사람과도 스스럼없이 이야기를 하는 등 긍정적인 변화를 가져와 가까이서 보는 우리들의 마음까지 훈훈하게 했다. 비장애인과 다름없는 생활을 할 수 있도록 물심양면 도와주는 사회복지사들이 새삼 대단하다는 생각이 들었다.

하루는 실습생 대기실에 있는데 J 씨가 흰 종이와 볼펜을 들고 왔다. 무언가 자랑하고 싶어 하는 눈치였다. 자리에 앉혀 부모님과 선생님 이름을 적게 했다. 또박또박 적기에 칭찬을 해주니 더욱 신이 나서 글자를 적어가며 자신이 글자를 잘 쓸 수 있음을 자랑했다. J 씨는 멋 내기를 좋아해서 예쁜 옷과 가방을 사고 머리를 빨갛게 염색하는 것을 좋아한다. 장애를 가진 J 씨가 자신이 좋아하는 것을 마음껏 할 수 있고, 자신의 생각을 거침없이 표현할 수 있는 세상이 되어야 된다고 생각했다.

우리나라에 수없이 많은 복지시설에서 열악한 근무조건에도 불구하고, 소외계층의 인권보호를 위해 일하고 있는 사회복지사들께 감사의 마음을 다시 한번 전한다. 사회복지사라는 직업에는 봉사정신이라는 말이 붙어 있다. 우리 사회는 봉사정신 운운하며 힘든 근무조건에서 힘들게 일하는 이들을 이용해서는 안 된다. 반드시 그만큼의 대우를 해주는 사회가 되어야 된다.

사회복지사 공부를 하며 많은 것을 생각할 수 있는 시간이었다. 또 많은 것을 알게 되었다. 사람은 아는 만큼 보인다고 했던가. J 씨가 도심에서 벗어난 장애인 거주시설이 아닌 우리 이웃이 되어 살 수 있는 날이 빨리 오기를 바란다.

정월 대보름 달집태우기

며칠 전이 설날 명절인가 했는데 벌써 보름이 지났나 보다. 내가 있는 동해면 도구에서 며칠 전부터 정월 대보름 달집태우기 행사를 알리는 현수막이 마을 곳곳에 걸렸다. 이 행사를 시작한 지 올해가 17년째라고 하니 궁금하기도 했다. 나도 어릴 때 들판에서 친구들과 쥐불놀이를 하고 얼굴이 까맣게 그을린 줄도 모르고 집으로 들어갔다가 어머니께 혼이 난 적도 있었다.

행사장은 도구해수욕장으로 모래사장인데 갑자기 날씨가 영하로 떨어져 사람이 없지 않을까 하고 갔지만, 입구부터 차량이 밀려들고 사람들로 가득 찼다. 아직 이런 좋은 전통놀이를 하는 곳에 내가 살고 있다고 생각하니 가슴이 마구 설렌다.

   나는 5분 거리의 행사장에 걸어서 도착했다. 이미 많은 사람들이 줄을 서서 주최 측이 준비한 떡과 두부김치 그리고 막걸리를 나눠 마시며 훈훈한 모습이었다. 식전 행사로 풍물패의 흥겨운 농악놀이가 행사의 서막을 알리고 이어 초대가수의 흥겨운 노랫가락으로 흥을 돋웠다.

   이윽고 오늘의 메인 행사인 달집태우기가 시작되었다. 바닷가 모래사장에 높게 설치되어 있는 달집에는 저마다 소원을 적은 리본을 매달아 기도를 올린다. 나도 우리 가족의 건강과 안녕을 비는 리본을 매달았다. 그리고 횃불을 밝힌 여러 사람들에 의해 불이 지펴졌다. 그러자 순식간에 시뻘건 불길이 치솟았다. 그곳에 모인 사람은 환호성을 질렀다.

   내 마음속에 나쁜 시기와 질투를 저 불 속으로 던져버리고 밝은 빛으로 가득 모았다. 달집이 불길에 휩싸일 때 파도는 거세게 일렁이고, 수많은 사람들은 추위에도 아랑곳하지 않고 두 손을 모아 각자의 소원을 빌었다. 달집에 내 몸속에 있는 나쁜 것들을 모두 태우고 집으로 돌아오는 발걸음이 가볍다.

보리밭 사잇길로

보리밭 사잇길로 걸어가면~

구룡포 해풍을 맞으며 보리가 푸르게 푸르게 영글어 간다. 예전에는 쌀농사와 보리농사 2모작을 했지만, 요즘은 보리 소비가 줄어든 탓에 겨울에는 대부분 땅을 놀리고 있다. 그리고 예전이나 지금이나 보리의 시세가 썩 좋지 않아 농사를 꺼리는 이유도 있다. 무엇보다 요즘 사람들은 쌀밥조차도 예전만큼 먹지 않는다.

나도 쌀밥에 보리를 섞는 것을 좋아하지 않는다. 왜냐하면, 보리밥을 씹을 때 까끌까끌한 느낌이 싫어서 영양가가 높다고 하여도 잘 먹지 않는다. 그런 나의 음식 취향 때문에, 우리 집도 보리밥을 자주 하지는 않는다. 가끔 음식점에서 보리밥에 강된장으로 비벼서 먹는 일회성 별미로 먹거나 잘 먹지 않는 편이다.

예전에 어머니는 쌀 위에 보리를 얹어 밥을 지었다. 밥이 다 되면 쌀밥만 공기에 담아서 아버지께 드렸다. 우리는 쌀과 보리가 섞인 밥을 먹었는데, 어머니는 늘 보리밥만 혼자서 드셨다. 보리밥이 영양 측면에서 쌀밥보다 좋다고 하는데, 보리밥을 먹던 시절의 나는 늘 배가 고팠다. 사실 보리밥은 좀 가난한 집에서 먹었고, 가난하면 배불리 먹지 못해 늘 먹는 것이 그리웠을 테니, 보리밥이 근기가 없다는 말도 맞지 않는 말이다. 배고픈 시절 나온 이야기일 뿐이다.

그때는 양식이 부족한 시절이라 논이 쉬는 겨울에 보리농사를 지어서 부족한 식량을 보충해야 했다. 내가 중학교 때까지 논에 보리싹이 올라올 때쯤 보리밟기에 학생들을 동원하기도 했다. 보리 추수를 할 때면 온 식구가 보리를 베고 집으로 운반해 탈곡했다. 특히 보리 탈곡은 보리의 수염이 피부에 닿으면 까끌거려 애를 먹었다. 보릿대는 차곡차곡 쌓아서 군불 때는 데 사용되었다. 나는 보릿대로 여치 집을 만들기도 하여 나에게는 보리에 대한 추억이 많다.

봄이 오는 길목부터 봄이 완연한 계절까지 구룡포에 가면 푸르른 보리밭을 볼 수 있다. 그 싱그러운 초록은 바다와 어우러져 그 풍광이 전국 최고라 할 수 있다. 지금은 호미곶 상생의 손과 더불어 유명한 관광명소가 되었지만 알려지지 않았던 그 시절부터 나는 봄이면 꼭 구룡포를 찾는다. 사람들이 많아진 지금은 잘 들을 수 없지만, 종달새의 "지지배배, 지지배배" 소리도 일품이었다.

올해도 어김없이 봄이 왔고 해풍에 일렁이는 보리밭 사잇길로 걸어가면 뉘 부르는 소리 있어 나를 멈춘다. 옛 생각이 외로워 휘파람 불면 고운 노래 귓가에 들려온다. 나만의 보리밭 관람 포인트를 찾아 보리밭 사이를 누빈다. 그러면 나는 내가 꽤 감상적인 사람이 된 것 같다.

보리의 시세가 좋지 않아 마음은 무겁지만 보는 사람은 옛 시절 생각이 모락모락 피어오른다. 보리밭을 구령에 맞춰 밟고 가던 까까머리 중학생이 벌써 육십 중반으로 달려가고 있다. 보리는 겨울에 밟아줘야 뿌리가 튼튼하다고 깔깔대면서 말이다.

입춘명상

　봄이 오는 초입에 봄비 같은 겨울비가 연일 내리고 있다. 기온은 포근한데 비로 인해 을씨년스러운 날씨로 휴일임에도 방콕 신세를 면치 못하고 며칠 후면 설날 그리고 춘삼월 봄을 향해 가는 길목에 와 있다. 사람들의 옷이 화려해지고 얇아지며 학교마다 아이들의 소리가 울려 퍼진다. 농촌의 기름진 땅이 기지개를 켜고 깨어나 양식을 키울 준비를 하고 이름 모를 새들은 바깥세상을 자유로이 날아다닐 것이다.

　이렇듯 세상일에는 처음이 중요하다. 그러므로 한 해를 살아가는 데 그 처음을 알리는 입춘이 중요한 절기임을 알려준다. 비가 내리는 입춘의 밤은 어둡고 가로등은 희미하게 깜빡거린다. 희망찬 입춘과는 거리가 먼 듯 겨울비가 이 밤을 적신다. 오늘 밤도 환한 백열등을 켠 마실 카페의 주인은 비 내리는 문밖을 바라보고 있다. 가만히 가게 안을 보니 손님은 없는데 무슨 생각을 할까 출입문을 뚫어져라 멍하니 바라보고 있다.

　오가는 사람은 없고 간간이 개 짖는 소리만 들리는데 어둠은 점점 깊어만 간다. 아내의 어깨가 아파 걱정하며 병원을 갔더니 다행히 근육이 조금 부어서 통증이 있다고 하니 그나마 안심이다. 아내도 육십 줄에 접어드니 이제 조금씩 고장이 나나 보다.

우리와 비슷한 나이대에 생기는 질환의 원인은 대부분 노화라고 하니 어쩔 수 없는 노릇이다. 노화란 어설픈 이유를 방패 삼지 말고 스스로 노화를 늦출 비책을 세워 노력해 보는 자세가 필요한 것 같다. 그리고 긍정적 사고를 가지는 것이 건강을 지켜내는 것이 아닐까? 생각해 본다.

입춘이란 말만 들어도 가슴에 희망, 기대 같은 것으로 설레었는데 영 예전의 기분은 아니다. 그래도 곧 꽃이 피고 파란 새싹이 움트며 오가는 행인의 옷차림이 밝아질 것이다. 겨울을 지나 희망의 시작을 알리는 입춘을 맞이하여 내일부터 새로운 마음으로 새롭게 나 자신을 리모델링해 봐야겠다. 그것이 입춘을 맞이하는 초로의 나 자신에 대한 예의가 아닐까? 생각해 본다.

비보

고향 친구들의 소식을 접하는 수단은 초등학교 동창회가 보내는 문자가 전부이다. 이제 모두 나이가 들고 자주 만나지는 못하지만, 집안 대소사나 전하고픈 개별 소식이 있으면 동창회에서 톡으로 소식을 알려준다.

동창회에서 보내오는 대부분의 소식은 자식 결혼이나 부모 부고가 대부분이다. 그런데 요즘 들어 동창 본인의 부고 소식이 종종 날아온다. 사망원인은 주로 지병으로 특히 암에 의한 투병 후 사망하였다는 소식이 주류다. 며칠 전에도 잘 아는 여자 동창이 암으로 사망하였다고 전해 와서 안타깝고 한동안 마음이 좋지 않았다. 그러면서 나 자신도 걱정되기도 하고 불안하기도 하다.

나의 아버지께서는 지금의 내 나이보다 일찍 돌아가셨고 지금의 나는 스스로 아직 젊다고 자평하고 있지만, 이렇듯 동창들의 사망 소식을 접할 때마다 가슴이 철렁해지고 동창이 떠나간 것에 대한 슬픔과 더불어 나는 괜찮은가 하고 반문해 보게 된다.

나도 4년 전에 뇌동맥류가 건강검진에서 우연히 발견되어 시술한 적이 있고 다행히 적절히 치료되었지만, 조금만 늦었다면 위험할 뻔했던 상황이 될 수도 있었다. 오죽했으면 당시 교수님도 "로또 맞은 줄 아세요!"라고 했던가…….

요즈음 60대는 청춘이고 70대도 경로당 출입 자격이 없다고 한다. 그래서 60대에 사망이란 너무 이른 것 아닌가 생각되어 동창들의 부고 소식에 더욱 가슴이 아프다. 아픈 데가 한 군데도 없이 살겠다고 한다면 그것도 과욕이다. 기저질환이 있고 아프고 불편하면 그것과 함께 더불어 관리하며 살아가는 자세가 현명하다는 생각이다. 나도 이미 뇌동맥류라는 기저질환이 있는 건강에 남다르게 주의해야 할 사람이다.

 운동을 같이 다니는 지인들이 항상 하는 말이 "걸으면 살고 누우면 죽는다." 한다. 즉 이 말은 부지런히 움직이는 생활이 건강을 지킨다는 것이다. 우리 신체 중에 허리와 두 다리만 성해도 건강한 노후를 보낸다는 의미이다. 앞으로 세월이 흐를수록 동창생의 부고 소식이 점점 늘어날 것이다. 세월의 흐름은 받아들이고 묵묵히 나 자신의 건강을 지킬 수 있는 데까지는 지켜보리라 생각한다.

 나는 지인들에게 1년에 한 번씩 건강검진을 하라고 권한다. 어떤 병이든 조기에 발견하면 예후가 좋은 법이니까. 처자식 먹여 살리느라고 자신을 챙기지 못한 베이비붐 세대 가장들, 아끼고 졸라매고 살았던 우리가, 1년에 한 번 의료보험 혜택도 없는 종합건강검진이라니 좀 사치스럽다고 생각되기도 할 것이다. 그러나 이제 '나도 좀 사랑하고 삽시다!'

 봄의 전령이 가까이 다가온 2월의 마지막 주 동창들의 안타까운 소식은 더는 울리지 않기를 바랄 뿐이다.

3월의 결심

매서운 동장군이 며칠 심술궂게 몰아쳐 봄의 전령이 잠시 주춤하였는가 싶더니 3월 들어 포근한 날씨에 마음 또한 편안하게 녹아내린다. 아파트 단지 옆으로 흐르는 냇가의 물소리도 이전과 다르게 명랑하게 들리고 들판에 시금치도 오늘따라 힘차게 그 푸르름을 더 한다.

오랜만에 심호흡하고 운동화 끈을 졸라매고 조깅을 해본다. 금방 호흡이 가빠지고 다리에 힘이 빠져 어쩌나 싶었는데, 상쾌한 바닷바람이 처진 심신을 일깨우고 갈매기와 함께 달리는 기분이 봄이어서 그런가? 뒷심이 살아난다.

봄을 시샘한 꽃샘추위로 봄이 오는 소리를 잠깐 잊었는데 벌써 봄꽃이 봉우리를 틔우고 소리 없이 봄은 우리 곁에 다가와 있다. 직장생활을 하며 많은 사람과 관계하며 복잡하게 살았던 지난날과는 다른 나에게 일어난 한 가지 특징은, 계절에 민감하게 반응하게 되고 사물에 대해 감성적 관점으로 바라보게 된 것이다. 이런 변화가 나쁘지는 않은 것 같다. 주변에 일어나는 다양한 변화들을 소중하게 바라보는 시선이 생겼다는 것이다.

그러나 그로 인해 감정의 기복도 커졌고, 싫어도 적당히 참고 넘어가던 일들도 내 감정을 사실대로 표현하게 되었다. 내가 나에게 가면을 씌우지 않고 모든 것을 있는 사실 그대로 반응한다. 그래서 나는 시원하다. 또 통쾌하다. 대표적인 예로 가까이 있는 아내와 예전에는 전혀 말다툼 거리가 되지 않을 일들이 다툼이 되고 마는 경우다. 그것은 나의 변화로 아내가 낯선 나를 보고 이해하지 못하기 때문에 발생하는 일이다.

나의 감정을 내가 컨트롤 못 하는 것이 아니라 나도 이제 하고 싶은 말을 하고 살고 싶어졌다.

이제 나도 남을 이해만 해주는 사람에서 나를 이해받는 사람이 되고 싶다. 어느 날 갑자기 이러니 주변 사람들은 내가 퍽 이상하게 생각되겠지만 이제 나는 '나'이고 싶다.

만약 이런 나를 이해하지 못한다면 이제는 그런 사람은 만나지 않을 생각이다. 정말로 하고 싶은 말을 참는 것도 얼마나 힘든 것인지 모른다. 그렇다고 내가 무례하게 행동하지 않을 것인데, 그것을 받아주지 못한다면 그 사람은 나와 맞지 않는 사람일 것이다. 퇴직하고 집에 있으며 여러 가지 생각을 하면서 나는 진정한 나를 찾아가고 있다.

봄이 오는 소리가 들린다. 긴 겨울에 잠든 모든 생명체를 흔들어 깨우는 산들바람도 훈훈하다.

이제 기지개를 켜고 진정한 나로 일어나 보자. 봄! 봄! 봄! 봄! 봄이 왔어요. 우리들~ 마음속에도~ 나의 봄이 오는 소리가 들린다.